O caminhar sob a luz

FUNDAÇÃO EDITORA DA UNESP

Presidente do Conselho Curador
Herman Jacobus Cornelis Voorwald

Diretor-Presidente
José Castilho Marques Neto

Editor-Executivo
Jézio Hernani Bomfim Gutierre

Conselho Editorial Acadêmico
Alberto Tsuyoshi Ikeda
Áureo Busetto
Célia Aparecida Ferreira Tolentino
Eda Maria Góes
Elisabete Maniglia
Elisabeth Criscuolo Urbinati
Ildeberto Muniz de Almeida
Maria de Lourdes Ortiz Gandini Baldan
Nilson Ghirardello
Vicente Pleitez

Editores-Assistentes
Anderson Nobara
Henrique Zanardi
Jorge Pereira Filho

Maria Inês Ladeira

O caminhar sob a luz
Território mbya à beira do oceano

© 2007 Editora UNESP

Direitos de publicação reservados à:

Fundação Editora da Unesp (FEU)
Praça da Sé, 108
01001-900 – São Paulo – SP
Tel.: (0xx11) 3242-7171
Fax: (0xx11) 3242-7172
www.editoraunesp.com.br
www.livrariaunesp.com.br
feu@editora.unesp.br

CIP-Brasil. Catalogação na Fonte
Sindicato Nacional dos Editores de Livros, RJ

L154c

Ladeira, Maria Inês
    O caminhar sob a luz: território mbya à beira do oceano / Maria Inês Ladeira. – São Paulo: Editora UNESP, 2007. il.

    Inclui bibliografia
    ISBN 978-85-7139-749-1

    1. Etnologia – Brasil. 2. Índios Guarani Mbya. 3. Índios do Brasil – Religião e mitologia. 4. Mar - Mitologia. I. Título.

07-0722   CDD: 980.41
                                                                                      CDU: 94(=87)(81)

Editora afiliada:

Asociación de Editoriales Universitarias
de América Latina y el Caribe

Associação Brasileira de
Editoras Universitárias

Sentindo que o terreno lhes escasseia, que a vastidão das florestas vai-lhe cada dia fugindo nos horizontes, elles querem ainda um momento, das alturas de Paranapiacaba e dos píncaros altaneiros do Itatinga e Cahepupú, divagar o olhar melancólico por essa vastidão de verdejantes e incultas florestas de beira mar e por essa outra vastidão ainda maior, cujos horizontes são ainda livres – o oceano!...

Benedito Calixto. *Os primitivos aldeiamentos indígenas e índios mansos de Itanhaem* (1902).

Créditos

Davi Martins da Silva Guarani (Karai Rataendy), com seu interesse e dedicação transmitiu, a este trabalho, sua luz.

Carmem Junqueira, com estímulo e confiança, abriu o caminho para este trabalho se realizar.

Os amigos e caciques Nivaldo Martins da Silva e José Fernandes Soares introduziram-me em alguma parte de seu mundo, ensinando-me um novo olhar.

Samuel Bento dos Santos Jejoko, Altino dos Santos, Argemiro da Silva, Alcides Martins, Jorge Rodrigues, Francisco Timóteo Kirimako, Gumercindo Firmino da Silva, José Oliveira Kambarātā, Joaquim Augusto Martim e Alcindo Moreira, caciques de diversas aldeias, com paciência e confiança fizeram-me compreender, em cada lugar, o sentido de sua busca.

Rosa Benites, Alice (Marica), Jandira Martim, Helena Papaju, Argemiro, Honório, Idalina, Valdelino, Doralice, Valdomiro e Alice, Manoel da Silva, Natália, D. Mariazinha, Maria Tataxi, entre tantos amigos guarani, transmitiram-me ideias e pensamentos. Luís da Silva, Mário, José Duda e todas as crianças, a alegre convivência.

Lilia Valle, interlocutora e parceira nos primeiros anos de trabalho nas aldeias guaranis, despertou meu interesse pela pesquisa antropológica.

Maria Ignez Maricondi e Mariza Ricardo, com seu companheirismo e competência, fizeram que sempre eu reavaliasse meu próprio desempenho.

Maria Bernadette Franceschinni conduziu-me, pela primeira vez, a uma aldeia indígena, "Aldeia da Barragem", onde iniciei meu trabalho com os Guarani.

Maria Elisa Ladeira e infindáveis conversas sobre parentesco contribuíram na organização das genealogias.

Gilberto Azanha, com seus comentários, e a capacidade de ainda encantar-se, deu o incentivo necessário à concretização deste trabalho.

O CTI – Centro de Trabalho Indigenista foi a base da convivência e do trabalho com o povo guarani.

Esta pesquisa contou com o apoio do CNPq, durante a realização do Mestrado em Ciências Sociais (área de Antropologia) da PUC – Pontifícia Universidade Católica de São Paulo.

Fotografias de Maria Inês Ladeira.

Sumário

Prefácio   11

Apresentação   15

Nota sobre a grafia   19

Parte I
Aspectos gerais

1 Introdução   23

2 Os Guarani em território brasileiro   33
   Classificação e localização   33
   Os Mbya do litoral   35
   Relações atuais entre os subgrupos   42
   As aldeias guaranis do litoral   46

3 O território tradicional e as migrações religiosas   59
   As fontes históricas   59

O sentido das migrações e do território mbya   65

Parte II
Os mitos e o modo de ser mbya

4   Introdução às narrativas míticas   73
    Síntese das narrativas   81

5   *Nhanderu yvy ojapo rakae, yvy opa ague, yvy ojapo jevy* – Nhanderu construiu o mundo antigamente, o mundo terminou, o mundo foi erguido novamente   85
    Yvy tenonde – O primeiro mundo   85
    Yvy jevy – O mundo se ergue de novo   86
    Yy ovu ague – A água que inundou o mundo   88
    Kuaray ou ague – Kuaray veio neste mundo   94

6   *Nheẽ ru ete* – A origem dos verdadeiros pais das almas   105
    O cosmo mbya e as regiões dos verdadeiros pais das almas   109
    A proveniência das almas   115
    A alma e a vida e a morte   119
    O nome-alma: região de origem e sua função no mundo   121
    O batismo do milho e da erva-mate (*ka'a*) e a revelação dos nomes   133

7   *Oguata porã* – A caminhada à beira do oceano, ou a ocupação mbya no litoral   139
    A história e sua explicação   142
    Acontecimento em Superagui   149
    Os Mbya, a Serra do Mar e o mar   151
    Sobre as criações de Nhanderu e as criações de Anhã   156

8   Comentários finais   159

9   Referências bibliográficas   171

Anexo   175

Prefácio

Bartomeu Melià, s.j.

Os Guarani são provavelmente os indígenas das terras baixas da América do Sul – Argentina, Bolívia, Brasil e Paraguai – que têm a mais continuada – e a mais intrigante – presença até o dia de hoje. Desde que o francês Paulmier de Gonneville os conheceu e descreveu em sua viagem pela costa atlântica por volta do ano de 1505, os Guarani preservam seu modo de ser e de viver. Pode-se dizer que desde os primeiros tempos do período colonial são sempre atuais, ou seja, mantêm contato e se comunicam com as sociedades que os envolvem e rodeiam; nunca tiveram conflitos significativos com os recém-chegados, no entanto, também não se envolveram profundamente com eles. Os Guarani têm estado em nosso horizonte e muitas vezes o têm definido. Qual será seu fascinante mistério, que ainda hoje os faz volta e meia retornar às manchetes da imprensa diária, atrair o interesse dos pesquisadores e despertar tantos questionamentos naqueles que entram em contato com eles?

A presença dos Guarani na literatura antropológica é notável, e em pesquisas bibliográficas etnológicas entre 1987 e 2003 pude relacionar mais de 2 mil títulos de livros e artigos de revistas que se referem a eles, sem incluir naturalmente textos e notas distribuídos em periódicos locais e nacionais. Os escritos etnográficos e etnológicos sobre esse povo compõem uma selva de papel, frondosa e cheia de vitalidade, cuja variedade de aspectos tratados nos deixa maravilhados, sem nos soar de todo desconhecida; selva e jardim de utopia, rara e possível ao mesmo tempo.

Às vezes temos a impressão de que tudo que havia para ser dito sobre eles já o foi, e no entanto quando nos aproximamos deles e temos um contato mais estreito, percebemos que tudo ainda está por ser dito. É como se fossem memória do futuro, que não nos prende ao passado, mas nos remete ao que ainda está por vir, não somente para eles, mas também para nós. Seríamos todos, em nossas secretas aspirações, Guarani?

Maria Inês Ladeira tem inúmeros motivos para publicar, já avançado o ano de 2007, sua dissertação de 1992, baseada por sua vez em suas experiências de trabalho e pesquisa realizadas entre 1979 e 1991. As razões para isso são suficientemente explicadas em sua apresentação. Além disso, aquele título, *O caminhar sob a luz*, não perdeu atualidade nem vigor.

É muito gratificante conhecer como se estrutura um povo a respeito do qual as profecias fatalistas, há algum tempo e também nos dias de hoje, anunciavam um fim inexorável e uma extinção "natural", mas que continuam aí, vivos, aumentando em número e se espalhando, com dificuldades, é verdade, mas esperançosos.

Os Guarani continuam nos ensinando a viver. Não são um problema, mas uma solução a muitas de nossas questões vitais.

Quando, com ridícula e torpe manifestação de orgulho e prepotência, tomamos a devastação e a destruição de nossos recursos materiais e culturais como índice de modernidade e desenvolvimento, é bom descobrir que ainda existem aqueles que sabem manter padrões de vida moderados, evitando a depredação e o desperdício, apesar das contínuas e indecentes insinuações que caem sobre eles.

A novidade no enfoque deste trabalho está, acredito, na conexão estabelecida entre a mobilidade de um povo – que sem ser errante é muito dinâmico em seus movimentos de migração – e a cosmovisão que estrutura seu imaginário e sua filosofia de vida. Laços de parentesco, busca constante de melhor espaço e terras quase virgens, em pleno século XXI, sonhadas e fundadas em uma cosmologia original e criativa, são os fundamentos de um povo de migrantes que muda de lugar para ser ele mesmo. A sociologia não está desligada da poética de seus mitos e da estética de suas danças. Estão e ao mesmo tempo se movem. Já são e ao mesmo tempo não são a perfeição a que aspiram. Genealogias familiares e mapas que ilustram a amplitude de seus movimentos não estão separados de sua cosmovisão de oceanos transitáveis e terras sem mal. Sem palavra mítica não há movimento.

Maria Inês Ladeira, como tantos outros pesquisadores dos Guarani, sucumbiu à magia de seus interlocutores, que se transformaram em seus colaboradores, mas sobretudo em seus mestres, amigos e "parentes", modificando seu modo de ver a vida. Muitos já não estão nesta terra de imperfeições, mas seus ensinamentos permanecem com aquela que começou como visitante curiosa e acabou como humilde discípula. Costuma acontecer com os Guarani: não se caminha impunemente com eles. A luz de seu caminho nos envolve e sentimos necessidade de comunicá-la a outros, com a mesma sinceridade e entusiasmo com que nos foi transmitida.

As "histórias" contadas não são menos reais que os passos dados e os territórios ocupados. Os desenhos apresentados dão tanta ou mais informação quanto os mapas técnicos. É sempre a mesma realidade.

É preciso agradecer a recuperação desse registro etnográfico da década de 1980 – pioneiro naquela época –, para perceber como a ideia e a verdade religiosa têm operado até o dia de hoje. Os episódios de então se tornam etno-história.

Graças a estudos como este, que optaram por dar preferência ao ponto de vista dos índios e seus motivos, expressa-se, inclusive academicamente, que a famosa aculturação, promovida por tantos agentes externos entre as décadas de 1970 e 90, não era a única saída possível para os Guarani-Mbya. Eles mostram que têm outras fontes de inspiração e que sua "antropologia" é outra, mais avançada e mais promissora que nossas fórmulas sucessivamente antiquadas.

Este livro não é um informe etnográfico, mas a expressão do diálogo com pessoas de um povo que não abre mão da luz que ilumina seu caminho.

Apresentação

Ao abrir este livro, o leitor deve se reportar ao final da década de 1970 quando aos índios Guarani, que viviam em pequenos grupos familiares na Mata Atlântica do litoral, eram negados quaisquer direitos sobre as terras que ocupavam. Sob o estigma de nômades ou errantes, "aculturados" ou remanescentes de aldeias em extinção, a presença guarani no litoral era praticamente invisível, despertando pouco interesse das instâncias governamentais e dos pesquisadores. Compreender a costa atlântica como espaço vital no território guarani foi o motivo principal da realização deste trabalho.

A contemporaneidade na prática da tradição expressa nas palavras, para mim mágicas, "atravessar o oceano" para alcançar *yvy marãey* (a terra da eternidade), era o fundamento mais evidente dos direitos territoriais dos Guarani na costa atlântica. As razões históricas de grandes êxodos – os extermínios, as expulsões, a escravização, a evangelização – não os dissuadiram de acreditar e persistir neste trajeto. Mesmo participando das transformações e das novas tecnologias, os Guarani buscam preservar a configuração própria de seu mundo, em que as aldeias situadas junto à Serra do Mar são suportes essenciais para sua permanência e equilíbrio.

Durante a década de 1980 as expectativas políticas de crescimento econômico regional se materializavam com a construção acelerada de estradas e complexos turísticos no litoral. Rapidamente, a especulação imobiliária, ainda hoje em expansão, gerou desordenada e progressiva ocupação humana: turistas e trabalhadores migraram em levas sucessivas de várias regiões do país ao litoral, atraídos por empregos informais na construção civil, nas obras de urbanização e privatização dos pequenos bairros rurais. Os efeitos drásticos e cumulativos do modelo de desenvolvimento implantado, que veio alterar radicalmente o perfil da população local e suas relações com o ambiente, se expressam na imensa degradação da Mata Atlântica, dos rios, e na destruição de comunidades e modos de vida fundados em atividades sazonais, que permitiam seu sustento com a regeneração da floresta. Esta nova cara da região litorânea certamente interferiu nas paisagens e nos caminhos percorridos pelos Guarani em busca, como eles dizem, de "seus verdadeiros lugares", bem como em suas vivências nas aldeias situadas em áreas que passaram a ser alvo de interesses financeiros e de projetos governamentais.

O texto ora publicado, apresentado originalmente como dissertação de Mestrado à Pontifícia Universidade Católica de São Paulo (PUC-SP) em 1992, reúne levantamentos e estudos elaborados entre os anos de 1979 e 1991.[1] O trabalho e as pesquisas continuaram desde então, porém preferi não acrescentar novos elementos ou análises ao texto original em razão da própria perspectiva em que este trabalho foi concebido: um registro etnográfico do momento que considero marco referencial nas profundas alterações que se desencadearam no espaço habitado pelo povo Guarani. Em virtude do próprio contexto em que desenvolvi a pesquisa, com a oportunidade de conviver com famílias em aldeias de diversas regiões, procurei fazer das versões de narrativas

---

[1] Para realização dos projetos do Centro de Trabalho Indigenista (CTI) iniciados em 1979, e da pesquisa de mestrado. Foram acrescentados neste livro um quadro atualizado "Terras Guarani no litoral habitadas por famílias nucleares e extensas" (2006) e o mapa "Território Guarani" (2004), para que o leitor possa se inteirar de dados mais recentes. Na dissertação há genealogias interligando todas as aldeias de Santa Catarina ao Espírito Santo, e algumas figuras – mapas, fotografias e desenhos – que não constam desta edição.

míticas proferidas pelos Guarani, bem como de suas próprias interpretações, o cerne do trabalho.

Conservar a versão original do trabalho permite também desvendar um olhar antropológico e comprometido que, no seu contexto e momento, procurava contrapor-se às previsões fatalistas que apregoavam o fim das aldeias Guarani no litoral, assim como a inexorável e "natural" extinção ou integração de um povo, cujo passado histórico já fora fartamente documentado desde o século XVI. Na época em que esta pesquisa foi realizada, os poucos estudos então existentes sobre os Guarani no litoral focavam sobretudo os processos aculturativos dos "últimos remanescentes indígenas" na região. Era preciso dissipar as visões estereotipadas, vigentes no senso comum, que caracterizavam equivocadamente a sociedade Guarani como nômade, e propor um novo enfoque sobre a sua dinâmica territorial referenciada à própria cosmologia. Com base na observação continuada da mobilidade guarani no tempo e no espaço, foi possível apreender as razões da dinâmica social fundadas nos elos de parentesco, tecidos ao longo do tempo por conexões genealógicas, bem como dos movimentos de famílias extensas em busca dos lugares para a formação de aldeias. Nesse sentido, manter na íntegra a versão original é também tornar acessível a um público mais amplo, em livro, um trabalho que é fonte de referência de pesquisas posteriores que contribuíram com novas perspectivas etnográficas.

Tempos depois, os acontecimentos que sucederam os anos 1980 e 1990 trouxeram novas relações entre o povo Guarani e a sociedade nacional, e outras aldeias, pessoas e interlocutores povoaram a vida e o mundo de todos nós. Manter as palavras de antigos autores e colaboradores Guarani é preservar, em qualquer tempo, as ideias daqueles que modificaram meu modo de pensar a vida, embora vários deles já não se encontrem mais nesse "mundo imperfeito" (*yvy vai*).

Nota sobre a grafia

Na escrita das palavras guaranis utilizamos uma grafia bem próxima à usada hoje pelos Mbya alfabetizados, ou semialfabetizados, em português, que transferem o sistema ortográfico desse idioma para a escrita em guarani.

A tradução escrita da língua indígena tem seu sentido na função prática que possa exercer e, para tanto, deve estar atenta à realidade específica de cada grupo. Ainda hoje, a necessidade da escrita na língua indígena tem sido justificada, na maioria dos casos, pelos projetos de educação oficiais ou alternativos desenvolvidos por brancos (é notório o papel que a introdução da escrita nas línguas indígenas desempenhou no sistema de dominação imposto aos índios). Já o aprendizado da escrita da língua da sociedade dominante é reivindicado pelos índios como um direito e uma necessidade, sendo fato comum, nos grupos com contato sistemático, a apropriação desse conhecimento ao menos por alguns integrantes das comunidades. Assim, adotei o modo usado por eles – a transferência do sistema ortográfico do português para o guarani, em vez de seguir convenções ou propor novas regras. Entretanto, como os Guarani que frequentaram escolas ou que foram alvo de projetos de "educação indígena" têm conhecimento de regras ortográficas aplicadas ao idioma guarani, principalmente por meio de cartilhas e traduções de textos evangélicos elaboradas pelo SIL – Summer Institut of Linguistic, alguns modelos de grafias já foram por eles incorporados.

Entre as grafias apresentadas pelos vários autores, preferimos aquelas que simplificam a escrita com menor número de símbolos gráficos (por exemplo, o k substituindo c, que, e o y representando a sexta vogal). Nas citações dos vários autores que mencionam termos da língua guarani, tais como Cadogan, Montoya, Schaden, Antônio Guasch, Meliá, respeitamos as diversas grafias apresentadas.

Não é intenção, nem do alcance deste trabalho, contrapor ou discutir os sistemas ortográficos propostos por especialistas, nem criar novas regras. A grafia empregada foi aparecendo espontaneamente junto com alguns índios – jovens do sexo masculino – que colaboraram em alguns trabalhos. Neste, em específico, simplificou-se ainda mais a grafia dos termos, de modo a facilitar a leitura e agilizar a escrita. Para isso, talvez tenham sido desconsideradas algumas regras importantes da linguística. Consideramos e valorizamos o fato de ser o guarani mbya um língua essencialmente oral, na qual a retórica predomina.

Seguem algumas informações sobre a pronúncia das palavras guarani e, sinteticamente, sobre a grafia usada:

- os vocábulos guarani são em geral oxítonos. Assim, é consenso acentuar somente as palavras em que a sílaba tônica não é a última e que se constituem em exceções;
- além do acento agudo ('), usado nas palavras não oxítonas e nas justapostas em substituição ao hífen, utilizamos o til (~), que indica a nasalização da sílaba ou do vocábulo. O apóstrofo (') como indicativo de oclusão global foi dispensado, a não ser excepcionalmente, pois no guarani falado pelos Mbya seu uso seria muito amplo, dada a pronúncia dos termos que, frequentemente, sugere oclusões;
- alfabeto
  Vogais: a, o, e, i, u, y (vogal gutural)
  Consoantes: p, t, k (substitui *c, qu*); j (som: dj); r (som fraco como o som de r entre duas vogais); x (som: *x, tch, ch, ts, s*); v (som de *v* ou *u*, conforme o termo); g, gu.
  Nasais: mb, m, nd, n, ng, nh ou ñ.

Parte I
Aspectos gerais

1
Introdução

A realização deste trabalho e o interesse em aprofundar os estudos na área de Antropologia estiveram sempre e de tal modo associados à atividade desenvolvida junto aos Guarani do litoral, por meio do Centro de Trabalho Indigenista (CTI), que seria impossível conceber esta pesquisa isenta das preocupações e dos questionamentos enfrentados no campo, no decorrer do trabalho. De certa forma, os próprios questionamentos e impasses nortearam esta pesquisa.

O levantamento dos dados que compõem este trabalho foi feito ao longo do curso do Projeto do CTI, e somente tive condições de ordenar o material que dispunha e estruturar a pesquisa ao realizar o mestrado em Antropologia, o que me proporcionou o suporte necessário para trabalhar com o material existente.[1]

O nosso trabalho junto aos Guarani do litoral teve sua origem no final de 1978, a partir de um programa de alfabetização e apoio agrícola

---

[1] Realizei a graduação universitária na área de artes (ECA-USP), com Licenciatura Plena em Artes, não possuindo nenhuma experiência acadêmica anterior na área de Antropologia.

realizado em uma das aldeias de São Paulo, e de assistência comunitária, desenvolvido na aldeia do Espírito Santo, pela antropóloga Lilia Valle. Por meio dessas experiências, pudemos conhecer as várias comunidades existentes no litoral, entre São Paulo e Espírito Santo, e entender parte da dinâmica das relações sociais, econômicas e político-religiosas vigentes entre elas.

O objetivo do CTI era contribuir para garantir a existência do que restou do território guarani no litoral. Para isso, era necessário partir do pressuposto de que as várias aldeias compõem um território que, embora não sendo mais contíguo, é de toda forma coeso, pois o tipo de relação estabelecida pelo Mbya com o complexo Mata Atlântica, a Serra do Mar e o mar é uniforme.

A uniformidade desse pensamento e do modo de relacionamento com a terra em que vivem, verificada posteriormente nas aldeias mbya do litoral dos estados do sul, sustentava a tese, defendida por nós, de que as aldeias guarani do litoral do Brasil deviam ser consideradas um conjunto de terras ocupadas tradicionalmente – no sentido de tempo e forma de ocupação –, implicando, para sua regularização fundiária, medidas administrativas similares. Entretanto, a ausência de registros ou de uma literatura convincente a respeito da ocupação guarani no litoral impôs várias dificuldades para a justificativa das áreas atuais.

A questão para mim mais intrigante desde os primeiros tempos de trabalho junto aos Guarani era a de encontrar formas de justapor a extrema necessidade de terra e a urgência em garantir o que restou do território mbya (ou de seu mundo invadido) com um pensamento peculiar que abomina qualquer tipo de disputa pela terra, que, por sua vez, determina uma atitude desprendida, cortês e generosa até com seus evidentes "inimigos". Manifestam, muitas vezes, uma atitude contrária à própria demarcação, que, para eles, além de uma limitação de espaço, significa a própria deformação de seu mundo.

Somam-se a esse pensamento e "diplomacia" características do contato sistemático iniciado desde a conquista, que produziu, nesse povo, formas muito específicas de estabelecer relações com a sociedade dominante.

> Os Guarani Mbya, às custas do contato antigo e intenso com os brancos, caracterizado por perseguições culturais e físicas, desenvolveram vários

mecanismos para guardar e viver suas tradições culturais e religiosas, garantindo sua reprodução enquanto povo e etnia. Seus métodos não excluíram o convívio inevitável com o branco, com quem sempre procuraram manter um relacionamento amistoso. A demonstração de respeito aos costumes e religiões alheias, o modelo de trajar-se copiado da população regional, significavam, mais do que a submissão a um processo contínuo de aculturação, uma estratégia de autopreservação. Desta forma, sob o traje que encobre diferenças profundas, os Guarani tentaram, embora nunca renegando sua condição de índios, com tolerância e intencional opacidade, resguardar-se de novas feridas. (Ladeira, 1989)

Os Guarani, além de carregarem o estigma de "índios aculturados", em virtude do uso de roupas e de outros bens e alimentos industrializados, são considerados índios errantes ou nômades, "vindos do Paraguai", etc. Esse fato, aliado à aversão dos guarani em brigar por terra, em geral era distorcido de seu significado original e utilizado para reiterar a tese, difundida entre os brancos, de que os Guarani não precisavam de terra, pois nem "lutavam" por ela. Dessa forma, favorecendo os interesses econômicos especulativos, pretendia-se descaracterizar a ocupação guarani nas encostas da Serra do Mar e adjacências, negando-lhes, sistematicamente, o direito à terra.

Neste século, em virtude das pressões exercidas pela sociedade envolvente, os Guarani perderam áreas que jamais poderão retomar, desviaram sua trajetória em função das novas rodovias, mas conseguiram manter as aldeias como pontos estratégicos que permitem manter a configuração de seu espaço e presença junto à Serra do Mar. (Ladeira & Azanha, 1988, p.7)

Por outro lado, a defesa de suas posses, ainda que de modo pacífico, só foi admitida pelos Mbya "em vista da total indisponibilidade de outras terras junto à Serra do Mar, indisponibilidade esta decorrente de especulação e invasão das reservas florestais" (ibidem, 1987, p.8).

Em síntese, este trabalho surgiu da necessidade de se produzir um material que servisse de suporte teórico no que diz respeito à ocupação guarani no litoral, tendo em vista a necessidade e o direito sobre a terra que procuram.

Procuramos pautar esta pesquisa nas narrativas míticas mbya, consideradas aqui também como registro histórico da presença desses índios no litoral, pois as dinâmicas de seus movimentos migratórios em direção ao litoral do Brasil estão, por sua vez, pautadas nos preceitos e pressupostos contidos nesses mitos.

Não é nosso objetivo desenvolver uma discussão sobre a teoria ou estrutura do mito, pois nada se acrescentaria aos estudos dos autores consagrados. Em nível teórico, nossa contribuição restringe-se em apontar, seja mediante sugestões implícitas no texto ou de suas próprias lacunas e deficiências, motivos que inovem pesquisas etnográficas sobre os Guarani.

Não foram abordadas, isoladamente, a organização social e política, as atividades de subsistência etc. Estes aspectos já foram tratados por vários pesquisadores depois de Schaden, entre os Guarani de um modo geral e inclusive entre os Mbya. Questões relativas a estes temas transparecem no decorrer do estudo, sobretudo acompanhando as narrativas míticas, quer na forma de observações ou análises destas, quer intrínsecas a ela própria.

Pretendemos centralizar este livro na questão da importância, para os Mbya, do território situado à margem do mundo, isto é na beirada do oceano, que atribui às aldeias do litoral um significado religioso e científico. A partir do litoral, estrutura-se o cosmo e se define a geografia desse grupo mbya.

Como estratégia para manutenção de "seus lugares" – que implica preservação de sua organização social e das regras da reciprocidade –, o sistema de atribuição dos nomes/almas passa a se articular em função do jogo de interesses e da situação em que se encontra cada aldeia.

A revelação e atribuição dos nomes se imbuem de um caráter acentuadamente político, pois da composição pretensamente harmoniosa dos nomes/almas, e sua relação direta com a região de origem, depende o grau de prosperidade da aldeia. Prosperidade que se concretiza quando ela se torna *yvy apy*, a terra original que se encontra na beirada do oceano e de onde se vislumbra o acesso à *yvy marãey*.

O aparecimento de novos dirigentes espirituais, nascidos e criados nas aldeias do litoral, é a forma mais eficaz que os Mbya encontram, hoje, para a organização de seu espaço por meio da definição e divisão dos grupos familiares e dos assentamentos.

Segundo Hélène Clastres, as comunidades guarani "conservaram uma tradição religiosa original com o maior empenho, porque nela, e só nela, entraram ao mesmo tempo a razão e o meio de resistirem ao mundo dos brancos" (1978, p.11).
Os autores que serviram de suporte para esta pesquisa – Cadogan, H. Clastres, Schaden, Nimuendaju – conferem o mesmo peso à religião, como foco centralizador da cultura guarani e, sobretudo, de resistência.
A partir da convivência com os Guarani Mbya, pudemos perceber uma valorização crescente dos preceitos religiosos. Entendemos que a religião guarani significa, para esses índios, a própria condição de sobrevivência num mundo superpovoado pelos brancos, uma vez que ela contém os ensinamentos sobre convivência, tolerância e estratégia. Por outro lado, essa forma de sobrevivência encontrada pelos Guarani se apoia no fato de que a religião se constitui no fator decisivo de diferenciação étnica e se reforça, cada vez mais, na medida em que se diluem no cotidiano as diferenças de hábitos, especialmente os que se referem à dieta alimentar.
Pretendo, neste trabalho, tornar visível a ponte que une o plano simbólico ao plano terreno. Uma ponte que parece cada vez mais tênue com o aumento das dificuldades de sobrevivência sentidas pelos Mbya, em razão da desmaterialização de seu território. Penso que o estigma de errantes ou de nômades cada vez mais se intensifica, na medida em que se acentuam os movimentos migratórios, em oposição à escassez da terra.
De que modo os Mbya vivem hoje seus mitos no cotidiano, como os reconstituem por meio das novas situações impostas, como os reinterpretam e aos ensinamentos contidos neles, como avaliam seu próprio comportamento e condição no mundo atual, como o mundo mbya original pode ser contemporâneo? A partir destas questões/enfoques, pretendemos dar nossa contribuição para as pesquisas posteriores que envolvam aspectos tais como etnicidade, identidade, situação de contato e ecologia. Que esta pesquisa e as posteriores

possam contribuir para a preservação do mundo Mbya, no qual somos os estrangeiros.

Este estudo refere-se aos Guarani Mbya do litoral, e aludimos aos Xiripa (ou Nhandéva), encontrados em algumas regiões do litoral, somente nas ocasiões em que são estabelecidas relações de convivência entre os dois subgrupos.

O motivo de nos concentrarmos nos Mbya, dentre os três subgrupos guarani que vivem no Brasil (Mbya, Nhandéva, Kaiova), deve-se aos seguintes fatores:

- os Mbya representam, hoje, a maioria da população guarani do litoral;
- atualmente, é o único grupo que vem dando continuidade ao processo de migração ao litoral;
- os Mbya vêm mantendo um intercâmbio ativo entre as várias comunidades situadas nas encostas da Serra do Mar e adjacências, instigando-nos a conceber as aldeias do litoral como um complexo territorial onde se desenvolvem, com relativa autonomia do restante do mundo mbya, relações de reciprocidade. Foi a partir destas relações que visualizamos as primeiras pistas para uma pesquisa;
- por último, e por razões decorrentes das anteriores, foram as aldeias mbya, hoje as mais numerosas do litoral, que necessitaram e solicitaram nossa intervenção (do CTI) e apoio para garantirem suas terras. Desse trabalho, realizado em conjunto com as várias comunidades, surgiu um relacionamento intenso, que produziu amizades e muitos ensinamentos.

Os anos de convivência contínua com os Guarani permitiram, além da observação dos costumes, das rezas e dos discursos, verificar como o "modo de ser" mbya se articula com os vários momentos de crise e bem-estar que se alternam nas várias comunidades.

Durante esse tempo, além da observação e avaliação sistemática, foram gravados depoimentos de "velhos" de diversas aldeias, sobre sua história de vida e suas caminhadas. Eles foram gravados ora em português, ora em guarani, por mim, ou por colaboradores, dois jovens mbya da aldeia Morro da Saudade (Barragem–SP). Embora não façam parte do corpo desta obra, esses depoimentos contribuíram muito para a sua definição.

Os mitos apresentados começaram a ser colhidos, de forma sistemática, a partir do final de 1988. Durante uma conversa sobre a origem das almas, com uma família conhecida há muitos anos, tive a alegria de ver manifesto no jovem Davi o desejo de me transmitir vários ensinamentos. Dispôs-se a trabalhar comigo relatando os mitos, ou redigindo-os em guarani e posteriormente traduzindo-os para o português. Davi havia sido meu aluno no programa de alfabetização desenvolvido na aldeia Morro da Saudade (Barragem), em 1979 e 1980. Tinha então nove anos de idade. Em 1988, estava prestes a se mudar com o grupo familiar a que pertencia, composto de seus pais, tios e irmãos, para o litoral sul de São Paulo, para uma aldeia que permanecera desocupada cerca de cinquenta anos. Emergira como guia espiritual há poucos anos e estava disposto a orientar seu grupo nesse "novo" lugar. Sua disposição em também me orientar surgiu nesse momento em que o grupo de famílias a acompanhá-lo se definia, assim como nosso apoio, realizando os levantamentos de campo necessários para a regularização fundiária desta aldeia.

Nos anos seguintes, tivemos vários encontros na aldeia e em minha casa, e em cada encontro revisávamos as narrativas, esclarecendo as novas dúvidas que surgiam ao trabalhar com o material, acrescentando novas informações e explicações.

Em função da consistência desse material, e do modo sistemático com que trabalhamos, optei por fazer desse corpo de mitos o centro da pesquisa. Isto não significa que as informações e conversas com outros Mbya – sobre o mundo, os cataclismos e a sociedade – não tenham enriquecido as narrativas de Davi a propósito das reflexões e questões que suscitaram.

Na "Introdução às Narrativas Míticas", encontram-se outros comentários a respeito da organização dessas narrativas. Convém lembrar que elas são a versão de Davi e estão impregnadas de interpretações pessoais, que, embora não antagônicas aos de outros dirigentes espirituais, têm o seu viés. Trazem ainda minha interferência na organização do material e nas ênfases de certas questões levantadas a partir das dúvidas.

Gostaria de mencionar ainda o cuidado que foi tomado nas aldeias, não fazendo anotações em público nem comentando, na presença de outros estranhos, as informações sobre religião que nos foram confiadas. O interesse manifesto por Davi, sob a aprovação de seu grupo familiar, em expor parte do universo religioso mbya neste trabalho se deu com a finalidade de auxiliar no processo de compreensão e de criação de uma nova consciência, na sociedade dominante, sobre a intrincada "questão da terra" para os Mbya.

Nos "Comentários finais", utilizamos como eixo o discurso de d. Maria (Aldeia Boa Esperança–ES), por ser a síntese mais completa da avaliação que os próprios Mbya fazem de si mesmos, no mundo atual. Acoplamos a esse discurso outras falas, colhidas por nós e por outros autores, que possuem o mesmo teor crítico.

Com relação aos dados e às fontes de que dispomos, levamos em consideração o seu caráter parcial, em que cada informação remeteria a novas investigações.

Durante a elaboração desta, ocorreu-me a observação crítica de Cadogan, exposta em seu prefácio "ao leitor" ("Ayvu Rapyta", p.11), a respeito das limitações de suas próprias e riquíssimas informações e notas. Transcrevo o último parágrafo, no qual o autor demonstra sua surpresa:

> En los primeros meses de 1954 acompañé al Profesor Dr. Egon Schaden al tapyi del Cacique Pablo Vera; y en una conversación referente a la couvade el Cacique, espontaneamente, le reveló al amigo datos referentes al alma recién encarnada que yo, com muchos años dedicados al estudio del tema, ignorada totalmente! (Cadogan, 1959)

Observações

- Na Parte II deste livro, aparecem vários termos para designar a "terra sem mal". Ela é, para os Guarani, a terra sem fim ou onde nada tem fim, a terra perfeita onde tudo é bom, o lugar de *Nhanderu* (nosso pai) e de sua comunidade celeste. Seu significado está contido nas expressões *yvy marãey, yvyju porã, yvyju mirĩ, Nhanderu amba,*

Nhanderu reta, e todos situam-se na direção de Nhanderenondére (à nossa frente), onde nasce o sol.

- Os termos "comunidade, aldeia, *tekoa*" – também aparecem muitas vezes com um significado comum. Pode ser notada, entretanto, certa distinção quanto ao seu emprego, nos seguintes momentos: quando refere-se a um só grupo familiar, que pode se constituir num tekoa ou aldeia, e quando nos referimos aos vários grupos familiares que compõem uma mesma comunidade, uma mesma aldeia e um ou vários *tekoa*.

- O líder, guia ou dirigente espiritual é denominado, em diversos contextos, *yvyraija, oporaive, Nhanderu*. Na maioria das vezes, empregamos o termo *yvyraija* (o dono da pequena vara insígnia).

2
Os Guarani em território brasileiro

Classificação e localização

Os índios Guarani contemporâneos que vivem no Brasil podem ser classificados em três grandes grupos – Kaiova, Nhandéva, Mbya –, conforme diferenças dialetais, de costumes e de práticas rituais. Embora em outros países, como Paraguai, Argentina, Uruguai, Bolívia, existam outros subgrupos guaranis, no Brasil, dada a grande dispersão causada pelos movimentos migratórios em direção ao leste, algumas diferenças culturais e linguísticas foram atenuadas. As experiências vividas por estes diversos grupos – nas reduções jesuíticas, durante o período de colonização ibérica, com a política indigenista oficial e o contato sistemático e diversificado com a sociedade nacional – interferiram significativamente no modo primitivo de organização comunitária dos Guarani, promovendo novos reagrupamentos e a miscigenação entre subgrupos diversos.

As diferenças culturais e linguísticas dos Guarani do Brasil serviram de base para a classificação proposta por Egon Schaden nos anos 1950 (Schaden, 1974, p.2). A partir de então, aqueles que desenvolvem estudos junto às comunidades guaranis passam a utilizar essa classificação como ponto de partida para a definição do grupo enfocado.

Ainda hoje é possível verificar, em algumas aldeias, que alguns indivíduos ou famílias são originários de outros subgrupos, embora estejam integrados e adaptados à comunidade local.

A divisão dos Guarani, no Brasil, em três grupos não é, no entanto, apenas um formalismo classificatório, pois corresponde também a uma definição de diferença apontada e vivida pelos próprios índios.

Os Kaiova concentram-se em maior parte em aldeias no Mato Grosso do Sul e no Paraguai. Apesar da ausência de registros anteriores sobre sua presença no litoral, conhecemos uma família que viveu durante alguns anos na aldeia Boa Esperança, no litoral do Espírito Santo. Os Kaiova, Kaiwa (conforme grafia empregada pelos linguistas do SIL – Valle, 1976) ou Kaiua, conforme pronunciam os Mbya (Schaden, 1974, p.3) não se autodenominam Guarani, preferindo se identificar perante os outros guarani ou a sociedade regional como Kaiova.

Os Nhandéva vivem no Posto Indígena de Araribá, situado no interior do estado de São Paulo, em várias aldeias no Mato Grosso do Sul e no Paraguai, no interior dos estados da região sul, no litoral paulista – aldeias do Rio Silveira, Itariri e Bananal e adjacências –, e litoral catarinense – aldeias Morro dos Cavalos e Mbiguaçu. Os demais subgrupos Guarani também se autodenominam Nhandéva (que quer dizer "nós" ou "nossa gente"), mas não de forma exclusiva, como os remanescentes dos bandos Tanigua, Apapocuva, Oguauiva e outros, que hoje são identificados pela literatura etnográfica como Nhandéva. Outra denominação comumente atribuída a este grupo é a de Xiripa. No Mato Grosso do Sul, onde se encontram reservas que abrigam os Kaiova e Nhandéva, estes últimos são conhecidos como Guarani. Em São Paulo, os Mbya chamam os Nhandéva das aldeias do litoral sul de Tupi-Guarani.

Os Mbya estão presentes em várias aldeias no leste do Paraguai, norte da Argentina e Uruguai, no interior e no litoral dos estados do sul do Brasil – Paraná, Santa Catarina, Rio Grande do Sul. Em São Paulo, Rio de Janeiro e Espírito Santo, estão estabelecidos no litoral, junto à Mata Atlântica. Alguns agrupamentos são notados ainda no Maranhão, numa área das reservas Guajajara; no Tocantins, na aldeia Karaja do Norte (Xambioá); e no Posto Indígena Xerente (Tocantínia).

Outras classificações são encontradas, como nas publicações do Projeto Paĩ – Tavyterã (Valle, 1976, p.10): "os mesmos grupos são respectivamente referidos por nomes brasileiros: Mbya/Ka'ynguá, Chiripá/Guarani e Paĩ/Kayová".

A denominação comumente empregada pelos Mbya ao se referirem aos Nhandéva em geral é a de Xiripa, uma vez que Nhandéva também é autodenominação Mbya. Os dois subgrupos, entretanto, reivindicam para si, com exclusividade, a categoria de legítimos índios guarani.

Os Mbya do litoral

Os Guarani que vivem no litoral do Brasil, junto à Mata Atlântica, identificam-se como Mbya, um dos três grupos guarani que vivem, hoje, no Brasil. Conforme a classificação de Aryon Dall'Igna Rodrigues (Melatti, 1987, p.36), mbya seria um dos dialetos do idioma guarani que pertence à família tupi-guarani, do tronco linguístico tupi.

A identificação do grupo mbya é determinada por meio de especificidades culturais e linguísticas bem nítidas. Desse modo, a despeito dos diversos tipos de pressões e interferências que os Guarani em geral vêm sofrendo no decorrer de séculos, e da vasta dispersão geográfica de suas aldeias na América do Sul, os Mbya se reconhecem plenamente enquanto povo diferenciado. Dessa forma, apesar da miscigenação entre os vários grupos guaranis, os Mbya mantêm uma unidade cultural e linguística atuante que lhes permite reconhecer seus iguais, mesmo vivendo em aldeias separadas por grandes distâncias geográficas e envolvidas por distintas sociedades nacionais (Argentina, Paraguai, Uruguai, Brasil). Embora controvertidos, os estudo recentes sobre os Guarani apontam que os Mbya descendem dos grupos que não se submeteram aos *encomenderos* espanhóis e tampouco às missões jesuíticas, refugiando-se nos montes e nas matas subtropicais da região do Guaíra paraguaio e dos Sete Povos. No século XIX, aparecem na literatura com o nome genérico de Caingua ou Kayguá. Kayguá, explica Cadogan (1952, p.233), provém de *ka'agüygua*, nome depreciativo aplicado aos Mbya, que significa "habitantes das matas".

FIGURA 1 – Maria e Natalia, Aldeia do Rio Branco, SP, 1981.

FIGURA 2 – Helena, Aldeia da Barragem, SP, 1983.

Hélène Clastres (1978, p.10), entretanto, afirma que "descendem dos caiguás provavelmente os três grupos guaranis – mbiá, xiripá e paim" –, que tendo escapado dos colonos e dos jesuítas conservaram sua autonomia, porque se estabeleceram num território que, durante muito tempo, permaneceu inacessível. Daí a denominação de caaiguás ou cainguás (gente da floresta) que lhes foi atribuída.

Para Schaden (1974, p.3):

> Mbuá (gente) é a autodenominação mais usada pelos Guarani conhecidos na bibliografia como Kainguá, Kaivá etc. e a que os Nhandéva chamam Tambéaópé ('Chiripá largo') ou Txeiru, Ñaneiru ("meus" ou "nossos amigos"). Não raro, encontra-se também para esses índios a denominação Aputeré, ou seja Apyteré (corrutelas: Apuiteré, Apiteré), que eles próprios, no entanto, repelem como depreciativo.[1] Entre os paraguaios são conhecidos pelo apelido de Baticolas, em atenção ao *chiripá*[2] que usam entre as pernas. Também se ouve em outros subgrupos o apodo de Aváhuguai, "homens de cauda", dado pelo mesmo motivo.

Mbya foi traduzido ainda como "muita gente num só lugar" (Dooley, 1982, p.112). Mbya seria ainda "estrangeiro, estranho, aquele que vem de fora, de longe" (Ladeira, 1974, p.125). Em Cadogan,

> o nome pelo qual os Mbya se designam em suas tradições é *Jeguakáva*, ou *Jeguakáva Tenondé Porangue i*. *Jeguakáva*, em linguagem comum, significa adorno (de plumas para a cabeça); *jeguakáva*, no vocabulário religioso, é o nome utilizado para designar o homem, a humanidade masculina; e *Jeguakáva Tenonde Porangue i* seria: os primeiros homens escolhidos que receberam o adorno de plumas. (Cadogan, 1959, p.8)

O correspondente feminino dessa denominação, ainda segundo Cadogan, é *Jachukava*.

---

1 Karl vom den Stein refere-se ao termo *apité* como "que está no centro, no meio". *Apité*, nesse sentido. É o mesmo que *pyte*, cuja variação é *mbyté* ("estar no meio"). (In Schaden, 1974, p.15, nota).
2 Tecido de algodão preso à cintura, passando entre as pernas, de uso masculino.

FIGURA 3 – José Grande, Aldeia do Rio Branco, SP, 1984.

Numa nova tentativa de definição do nome Mbya, obtive outra explicação que veio complementar aquela obtida no início dos anos 1980, do cacique José Fernandes (Ladeira, 1984, p.123). Mbya refere-se a gente, sim. Mas refere-se a gente diferente, que vem de longe, que é nova no lugar e, portanto, "estranha". Mas o curioso do que se pode absorver das explicações de meu interlocutor mbya é que o processo de identificação com o outro passa pelo sentimento de se reconhecer no outro mediante a sua própria e igual condição de diferente. Dessa forma, afirmam o conceito que possuem de si mesmos de que são seres especiais gerados "em primeiro lugar, por Nhanderu". Incluem na sua definição de povo a mensagem divina a eles revelada e por eles cumprida, de que devem procurar "seus verdadeiros lugares", por meio de caminhadas (-guata), o que faz deles essencialmente passageiros, com um destino comum. Uma outra analogia deve ser feita com referência ao duplo significado contido no termo Mbya: o de gente e o de origem distante. Aqui, a tradução "gente" se refere à humanidade, qualidade exclusiva dos Mbya, cujas almas, provenientes das regiões celestes, configuram a origem não terrena deste povo. Talvez o pequeno termo Mbya possa abranger todo esse significado, talvez não. De todo modo, causa estranheza que a tradução para o português como "gente" possa, de fato, traduzir o que é ser Mbya.

Os Guarani Mbya, por sua vez, referem-se aos brancos como *jurua*. Não se sabe ao certo desde quando empregam esse termo, porém, hoje, ele tem uso corrente e parece destituído de seu sentido original. *Jurua* quer dizer, literalmente, "boca com cabelo", uma referência à barba e ao bigode dos europeus portugueses e espanhóis conquistadores. De todo modo, o nome *jurua* foi criado a partir do contato com os brancos colonizadores e passou, com o tempo, a ser uma referência utilizada genericamente às outras raças (negros, amarelos, brancos).

Após a conquista da América, as relações entre os povos indígenas passam a ser praticamente permeadas pelo "homem branco", fato que vem reforçar as diferenças ou provocar maior distanciamento e menor intercâmbio de influências culturais. O nome *jurua* passa então a configurar, com evidente razão histórica, todo o universo do outro, no sentido de ameaça, domínio, invasão e perigo. É com os brancos que ocorre o enfrentamento constante, e é justo que esses – os brancos – passem, cada vez mais, a corporificar o "outro" genérico. Aos demais grupos indígenas, com os quais também não devem "misturar-se", designam *Avarei* ou *Mbyai*: o diminutivo indicado pelo sufixo *i*, atribui condição inferior àqueles que não são Mbya e, portanto, não possuem suas qualidades intrínsecas.

Nesse sentido, reivindicam para si a categoria de índios puros, excluindo dessa autenticidade as outras nações. Esta postura pode ser entendida como uma tática para definir a própria identidade pela oposição com os "outros", todos os outros, e é observada nos demais povos indígenas, que também são minorias, com história antiga de contato.

> A denominação "índios" é um nome genérico colonial, usado por conquistadores, colonizadores e missionários, para denominar a população autóctone dos territórios dominados. E estes povos foram sempre tratados

como elementos perturbadores que deviam ser eliminados em função da expansão. (Dierna, 1984)

Partindo dessa premissa, pode-se crer que os diferentes povos indígenas, ao reivindicarem a exclusividade dessa denominação, tenham também, como intenção, anular o caráter genérico e homogeneizador do termo.

Os nomes utilizados pelos antigos para referirem-se aos não Mbya são *yvyipokuére* e *etavakuére*. O primeiro corresponde "a todos aqueles que foram gerados nesse mundo" e, portanto, não têm uma alma proveniente da morada de Nhanderu Tenonde (Nosso Pai Primeiro), nem podem transitar nessa morada. O segundo termo designa "todos aqueles que são maioria, que são muitos no mundo" e, por isso, podem ser uma ameaça.

Os Mbya justificam o fato de serem "poucos" como sendo uma prerrogativa de origem. Vivem em "grupos pequenos", portanto são sempre minoria, em obediência aos preceitos divinos.

"Desde o início, os Mbya eram minorias porque Nhanderu quis assim, para serem melhores na Terra, porque são especiais, assim diziam os avós antigos" (Davi, 1990).

Dentre os grupos hoje existentes no Brasil, são os Mbya que vêm dando continuidade ao processo de migração em direção à Serra do Mar. E é esta população, refratária às interferências externas, tanto as derivadas da política indigenista praticada pela Funai, quanto das pressões exercidas pela sociedade envolvente, que vem apresentando formas da resistência surpreendentes com relação à ocupação e preservação da Serra do Mar.

Os Mbya do litoral devem ser considerados uma população especial, mesmo em relação ao restante da própria população Mbya majoritária do interior (Brasil, Paraguai, Argentina), apesar de compartilharem todos um mesmo ideal religioso. Além de serem ainda uma população reduzida, no próprio contexto mbya, estão dispersos em pequenos núcleos distribuídos em uma longa faixa geográfica que se estende do Rio Grande do Sul ao Espírito Santo, o que implica modalidades de organização social específicas. Aliado a esse fato, eles vêm se sujeitando a viver em condições especiais, do ponto de vista dos demais Guarani, para pôr em prática, por meio das migrações, seu ideal religioso.

Nimuendaju (1987) já observara a perseverança dos Guarani, apontada em seus relatos sobre as caminhadas em direção ao mar que presenciou no início do século. Hoje também se comprova a insistência dos Mbya em permanecer no litoral, muitas vezes em locais desfavoráveis e inadequados a eles, do ponto de vista da subsistência, e sem recursos.

> Além do motivo comum – a busca da terra sem mal (*yvy marãey*), da terra perfeita (*yvyju mirĩ*), o paraíso, onde para se chegar é preciso atravessar a grande água,[3] o modo como os grupos familiares traçam sua história através das caminhadas, recriando e recuperando sua tradição num "novo" lugar, faz que sejam portadores de uma experiência de vida e de sobrevivência também comuns.
>
> Devido às migrações e à mobilidade entre as aldeias, os Mbya vivem em contínuo processo de reorganização social. E sob o determinador da busca de localização num espaço que facilite o acesso à *yvyju mirĩ*, dão forma e estrutura à sua movimentação. Desse modo, e sob a observância severa das regras, esses índios conseguem, tão criativamente, torná-las maleáveis o suficiente para que, sem transgredi-las, possam se reproduzir cumprindo seu projeto. (Ladeira, 1989, p.56)

... nós os eleitos, nós os eleitos que estamos à escuta, com certeza observaremos bem de novo;

aos que são as últimas gerações, também a eles, de novo dirão as palavras.

Caraí Ru Ete, Caraí Chi Ete (divindades Guarani).

... já que em verdade ele se obstina e se ergue no esforço, faremos que pronuncie verdadeiramente as normas relativas ao seu derradeiro lar,

as normas do lar último, vamos revelá-las a ele:

até mesmo o grande mar

ele sem nenhuma dúvida atravessará, com certeza.[4]

---

3 "O mar, no pensamento e cosmologia Guarani-Mbya, ocupa um lugar ambíguo: ao mesmo tempo, obstáculo a transpor para se atingir o paraíso e ponto de chegada, pois é ali, nas suas proximidades, que o seu destino pode se realizar". (Ladeira & Azanha, 1988).

4 Trecho do discurso extraído de *Terra sem mal*, de Hélène Clastres, 1978, p.120-3. O texto integral foi recolhido e traduzido do guarani, em 1965, por Pierre Clastres e Leon Cadogan.

Relações atuais entre os subgrupos

Os Mbya não consideram os Kaiova como povo guarani, e enfatizam as diferenças. Aos Nhandéva, a quem chamam Xiripa, fazem concessões, permitindo o casamento e compartilhando, às vezes, o mesmo território. Esta maior identificação deve-se talvez a uma similaridade quanto à experiência religiosa de ambos os grupos, experiência que está na base dos movimentos migratórios em direção à costa brasileira.

A população nhandéva no litoral é atualmente inferior à mbya. A necessidade de alianças e de convivência harmoniosa com os Xiripa, por parte dos Mbya, está fundamentada, ao que parece, na perspectiva de ocupação dos espaços ainda possíveis de seu território tradicional junto à Serra do Mar. Esta perspectiva inclui as aldeias de Itariri e Rio Silveira, onde a população nhandéva é maior. Os Nhandéva da aldeia do Bananal (Posto Indígena de Peruíbe) são chamados de "Tupi-Guarani" (não são *nhande*, "nós") pelos Mbya, e esta oposição, e o consequente distanciamento social, devem-se, em grande parte, à sujeição daqueles índios à política administrativa da Funai.

Para os Mbya, a submissão dos índios à chefia do Posto é responsável pelo alto grau de mestiçagem, sequela da perda de autonomia política da comunidade. Esta situação coloca o Posto Indígena de Peruíbe como "terra imprópria" (para os Mbya), e portanto distante de seus horizontes de ocupação. Nesse sentido, a falta de uma aproximação efetiva com os "Tupi-Guarani" já revela certa discriminação dos Mbya com relação à definição e escolha dos lugares que compõem seu território, onde é possível se fixarem permanente ou mesmo temporariamente.

No litoral de Santa Catarina, assim como há décadas no litoral sul de São Paulo, as relações estabelecidas entre os Nhandéva e os Mbya apresentam aspectos muito semelhantes. Tomamos por base quatro aldeias nhandéva que se encontram hoje no litoral: Itariri e Bananal, em São Paulo, e Mbiguaçu e Morro dos Cavalos, em Santa Catarina.[5]

---

5 Em Boraceia, litoral norte do estado de São Paulo, dentro da área guarani do Rio Silveira homologada em 1987, um grande grupo nhandéva, vindo da aldeia do Bananal, estabeleceu-se no local. Compõe a família do ex-cacique da aldeia do Bananal,

Mais integrados à região, os Nhandéva formaram suas aldeias no litoral, em decorrência dos fluxos migratórios ocorridos nos séculos passados. Após a década de 1950 deste século, não há notícias de novos movimentos migratórios. Os Nhandéva de Santa Catarina não identificam, hoje, parentes no litoral sul de São Paulo, e vice-versa, não mantendo atualmente, entre si, nenhum intercâmbio social. Este fato talvez indique que os Nhandéva estejam estabelecidos secularmente e fixamente nesses lugares. E, se antigamente existiam vínculos de parentesco entre os grupos migratórios que chegaram ao litoral nos séculos passados, ao longo do tempo foram se desvanecendo e concentrando-se regionalmente. Existe ainda a possibilidade de que alguns grupos familiares conservaram-se em parte de seu território desde a época da Conquista.

Tanto na aldeia do Bananal (P. I. Peruíbe–SP), quanto no Morro dos Cavalos (SC), não foi possível precisar a época de chegada do grupo original, o que sugere que sejam remanescentes dos fluxos migratórios mais antigos ou, como foi dito anteriormente, tenham preservado parte de seu território tradicional e nele permanecido.

> Júlio Moreira (chefe da aldeia Morro dos Cavalos) é filho de Guarani vindo do Paraguai durante a guerra, não soube especificar qual. Seu pai casou-se com "cabocla" em Canasvieiras (litoral de SC), onde nasceu Júlio Moreira. (Bott, 1975, p.4)

Tanto quanto a visível familiaridade no relacionamento dos Nhandéva com a região e a sociedade envolvente, a mestiçagem parece um processo em desenvolvimento, especialmente nas gerações atuais da aldeia Morro dos Cavalos.

Quanto aos Nhandéva de Itariri (SP), por meio de depoimentos e conversas informais, observa-se que se estabeleceram na região no início do século. Originários do Paraguai, passaram por Mato Grosso e viveram por pouco tempo na Reserva de Araribá (interior do estado de São Paulo) no início do século XX, atraídos pela frente dirigida por Curt Nimuendaju (depoimento do cacique Antônio Branco em Ladeira & Azanha, 1988, p.45-9).

Bento Samuel, que morreu em 1985. Seu filho Samuel Bentos dos Santos vive às margens do Rio Silveira, junto aos Mbya, moradores mais antigos desta aldeia.

Também os Nhandéva de Mbiguaçu se instalaram no litoral catarinense no século passado, conforme os dados apresentados pelo chefe do grupo familiar, Alcindo, no relato de sua história de vida.

A aldeia Mbiguaçu apresenta maior coesão social, com uma lavoura variada e bem desenvolvida. Como "senhores" do lugar, não querem perder sua ascendência: visitam todas as aldeias formadas pelos Mbya que chegam ao litoral catarinense. Reconhecem nesses grupos alguns parentes, fruto de alguns casamentos e laços sociais entre Mbya e Nhandéva acontecidos no passado, no Paraguai ou no sul do Brasil. Oferecem hospitalidade precária e por curta duração aos Mbya, algumas vezes adotam crianças órfãs, exercem seu domínio por meio de certo paternalismo e da exigência de disciplina e trabalho.

Conforme depoimentos dos Mbya do litoral de São Paulo, estes passaram uma experiência similar quando, oriundos do interior dos estados do sul, instalaram-se nas aldeias do Bananal e Itariri, no litoral sul de São Paulo, onde predominavam os Nhandéva. Estas estadias eram sempre provisórias e esbarravam com o autoritarismo do chefe local. Um exemplo típico dessa situação transparece no depoimento de Nivaldo M. da Silva sobre as viagens realizadas por sua família, em *Índios do Estado de São Paulo* (Ladeira, 1984).

Embora prevaleça uma aparente desigualdade de condições materiais e físicas entre os Nhandéva e os Mbya do litoral catarinense, o preconceito entre uns e outro é mútuo e igualmente consistente.

Ao contrário dos Mbya, os Nhandéva manifestam claramente aos brancos suas objeções com relação ao comportamento dos Mbya. As pequenas roças dos Mbya do litoral, contrastando com seu artesanato bem desenvolvido e produzido em grande escala, os assentamentos em diversos pontos e a conservação das relações com os Mbya do Rio Grande do Sul e Argentina implicam um movimento e trânsito inaceitável pelos Nhandéva, que lhes parece perturbador na medida em que é incontrolável. Além disso, consideram os Mbya – que pouco falam o português e são em geral pouco receptivos aos brancos – atrasados e um povo que está em estágio inferior.

Schaden já observara, na década de 1960, quando empreendeu suas pesquisas junto aos Guarani, que:

ao contrário, pois, dos Nhandéva, cujas migrações se realizaram há muitos decênios, e que de há muito se conformaram com a inexequibilidade de seu plano, o mito continua presente como objetivo na vida dos Mbuá. (Schaden, 1974, p.172)

Adiante, Schaden pondera que dentre os fatores da contemporaneidade do mito do paraíso entre os Mbya situam-se o apego aos "usos e costumes" dos antepassados e a não aceitação de mestiços. Por sua vez, a conservação desses hábitos é consequência de os Mbya se constituírem em "comunidades de culto fechadas", nas quais a realização de cerimônias ligadas ao mito é uma constante, em detrimento do cristianismo, cuja influência eventual não conseguiu êxito.

Resta-nos indagar, entretanto, o porquê dessa condição perdurar tão intensamente entre os Mbya, em que o contato com a sociedade cristã dominante é secular e sistemático.

Os Mbya, conforme pode-se observar nos mapas, ocupam pequenos terrenos impróprios para a lavoura, a qual não tem sido, entretanto, seu objetivo principal. Mesmo assim, a exiguidade do terreno e sua impropriedade para o plantio do milho, aliadas às pressões diversificadas exercidas pelos "donos" dos terrenos, constituem-se no pretexto para se mostrarem esquivos com relação à regularização fundiária da área que ocupam e prontos para partir, a qualquer momento, em busca de outro lugar. Desse modo, o comércio do artesanato vem a ser a fonte de renda que serve às suas necessidades imediatas, entre as quais destacam-se as despesas de viagens às outras aldeias do litoral, em busca de indicações de "novos" ou "antigos" locais para se fixarem.

Na verdade, segundo as informações de alguns Mbya, os movimentos migratórios têm se acelerado ultimamente e atraído ao litoral do Brasil muitos Mbya de Misiones (Argentina) e do Rio Grande do Sul, que consideram a Mata Atlântica do litoral ideal para viverem. Para alguns Mbya que já definiram seu lugar há algum tempo, esses novos movimentos são essencialmente religiosos, revelando certo extremismo se pensarmos que algumas famílias acampam meses seguidos em lugares altamente perigosos, como à beira da estrada BR-101 – conhecida no país como a Rodovia da Morte, devido aos inúmeros acidentes fatais –, sem água potável nem condições de plantar. É que, conforme revelam, o fim deste mundo estaria prestes a acontecer com o advento de um novo cataclisma, e o ano 2000 do calendário cristão seria o limite, não só pelas profecias propagadas pelos brancos, mas também pela situação em que se encontra o mundo. Os indícios da destruição do mundo são as guerras, as explosões, os terremotos etc. Estas catástrofes são consequência da precariedade de condições de vida dos Mbya, que não conseguem mais viver conforme os preceitos e normas originais, em função da ação predatória do homem branco.

Em outra versão, os Mbya assumem a culpa do advento de uma nova destruição, pois pelo fato de alguns não se comportarem segundo "as normas do bom comportamento", e se deixarem seduzir pelos costumes e bens materiais dos brancos, será inevitável o desaparecimento do mundo mbya. (Essas questões serão abordadas no final deste trabalho.)

Em vista disso, necessitam de um lugar semelhante aos primórdios do mundo mbya, com mata, água boa, terra para plantio do milho, liberdade suficiente para se concentrarem em suas rezas. A obsessão de encontrar esse lugar ideal é a razão de permanecerem longos períodos de tempo em locais que são o oposto do que ambicionam.

A falta de religiosidade dos Nhandéva e o alto grau de mestiçagem, que revela um outro tipo de aliança com os brancos, são motivos de um desprezo não explícito exteriormente pelos Mbya, mas consideravelmente manifesto entre eles.

Guiados sob a perspectiva na qual o futuro individual e coletivo são definidos pelas "normas do bom comportamento", os "incompreensíveis" Mbya, para exercerem livremente suas caminhadas, cumprindo preceito religioso, são obrigados a enfrentar a discriminação ou compaixão embaraçosas dos brancos, que, em vão, tentam demovê-los de seus planos ou, ainda, convertê-los ao cristianismo.

As aldeias guaranis do litoral

Consideramos como aldeias do litoral aquelas que se encontram próximas à orla marítima bem como as que, embora distantes cerca de até 50 km, foram conservadas ou formadas por grupos familiares cuja perspectiva de se estabelecerem junto à Mata Atlântica segue os mesmos princípios daqueles que vivem em aldeias situadas mais próximas do mar. Essas aldeias encontram-se distribuídas na faixa costeira que se estende do Rio Grande do Sul ao Espírito Santo.

Em trabalhos anteriores, alertamos para a fragilidade dos dados populacionais obtidos em levantamentos feitos em cada aldeia isoladamente.

> Devido às especificidades da morfologia social Mbya, de sua cosmologia e concepção de território, não faz sentido proceder a levantamentos numéricos de população considerando cada aldeia como uma unidade, principalmente quando os objetivos são detectar território ou caracterizar ocupação. (Ladeira, 1990, p.36)

Se tomarmos como exemplo qualquer aldeia mbya do litoral, como foi feito no trabalho citado, veremos que, em um espaço de tempo relativamente pequeno, cerca de dois ou três anos, os números de sua população podem oscilar de tal forma, que para um gráfico propiciar algum resultado significativo é preciso proceder a constantes levantamentos em "todas" as aldeias ao mesmo tempo.

Ao realizarmos o levantamento da população das aldeias do litoral, optamos por fazê-lo sempre por meio das genealogias. Dessa forma, foi possível detectar as relações de parentesco entre os vários tekoa, o itinerário dos grupos familiares, bem como sua origem, as "divisões" por chefias, e a proveniência dos fluxos migratórios mais intensos e recentes.

É importante frisar que embora exista um intercâmbio muito intenso entre as aldeias do litoral, os grupos familiares mantêm ainda vínculos estreitos com as aldeias do interior, podendo ser notado também um intercâmbio significativo entre "todas" as aldeias mbya.

Hoje, o contingente populacional das aldeias do litoral como um todo (mediante um cálculo "grosseiro", de cada aldeia), está por volta de 1.800 a 1.900 pessoas, cerca de 380 famílias nucleares, assim distribuídas: 500 pessoas nos estados do Sul (RS, SC e PR), 900 no estado de São Paulo, 450 no Rio de Janeiro e Espírito Santo. Nota-se que a população Guarani Mbya no interior dos estado do sul é bem mais numerosa do que no litoral, vivendo em vários Postos Indígenas da Funai. Já no interior de SP, RJ e ES, não existem aldeias guaranis, com exceção do P. I. Araribá (SP), que abriga população guarani xiripa (nhandéva).

Observa-se o fato de que aqueles que nasceram e se criaram no litoral, formando seus tekoa, embora tenham visitado as aldeias do interior, não realizaram migrações nessa direção.

Sem minimizar as razões históricas que poderiam ter provocado grandes êxodos tupi-guaranis, "a marcha para leste", como primeiro nota Métraux, constitui-se de movimentos anteriores à conquista da América:

> O mito da Terra sem Mal esteve na origem de várias migrações, que se escalonam dos séculos XVI ao XX, das quais as primeiras talvez remontem ao período pré-europeu. São efetivamente movimentos messiânicos, mas diferem, pelo caráter puramente indígena, da maior parte dos que conhecemos. Definem-se a partir dos mitos tribais e, pelo menos aparentemente, nada devem à cultura europeia. (Métraux, in Clastres, 1978, p.55)

Autores consagrados como Cadogan, Nimuendaju, Clastres e Meliá compartilham a mesma compreensão sobre o caráter religioso das migrações guaranis. A "marcha para leste" teria sido posta em prática e levada a efeito em função do que a literatura etnográfica convencionou chamar de "a busca da Terra sem Mal".

Num diálogo superficial, ou numa primeira fase de relacionamento com os grupos familiares do litoral, que se encontram assentados há mais de uma década em um mesmo lugar, parece não haver nenhuma relação entre o tekoa, as caminhadas (oguata) em sua procura e o significado mítico da "escolha" e da posição do tekoa no mundo. Razões de várias ordens e relatos de experiências diversas permeiam as histórias de vida, encobrindo o motivo fundamental dos movimentos migratórios ou da obstinação em permanecer nas proximidades da Serra do Mar, que se configura ainda, para muitos, como o "ponto de passagem" para *yvy marãey*.

Hoje, observa-se que a outrora exuberante Mata Atlântica do litoral não oferece senão pequenos pontos de confinação para o Mbya. As condições precárias de subsistência das aldeias do litoral são, muitas vezes, piores que as aldeias do interior (Brasil, Paraguai, Argentina). Entretanto, os movimentos migratórios mbya em direção ao litoral vêm se acentuando de forma a confirmar o significado mítico-religioso desse projeto.

Em outro trabalho, designamos de "Aldeias Livres" as aldeias guaranis do litoral do estado de São Paulo não assistidas pela Funai. O que pretendíamos era realçar o caráter espontâneo com que foram formadas ou conservadas, ao contrário dos Postos Indígenas do estado de São Paulo (na época havia somente dois: P. I. Araribá e P. I. Peruíbe), aonde a maioria dos índios foi "levada artificialmente" (Ladeira, 1984, p.123).

A partir de 1987, com o processo de demarcação de quase todas as aldeias atuais do litoral de São Paulo e Rio de Janeiro, foram criados novos Postos Indígenas (Rio Silveira e Bracuí), ou somente enfermaria (Boa Vista), mas esse fato, até o momento, não tem se apresentado como um motivo forte para atrair os Mbya.

Neste trabalho, não trataremos do nosso envolvimento com a questão da regularização fundiária das aldeias guaranis do litoral – desde o trabalho para que a ocupação guarani fosse reconhecida pelas autoridades competentes, até as atividades técnicas de campo ou as que envolviam as ações judiciais movidas por algumas comunidades. Muitos questionamentos a respeito da regularização fundiária envolvem aldeias que ainda não estão reconhecidas.

Nos mapas a seguir tentamos registrar a ocupação guarani do litoral, incluindo os pontos que hoje se encontram desabitados. Dois movimentos atuais – um realizado por um grupo que concretizou seu plano entre 1990 e 1991, e outro que está em vias de se realizar, e já estaria, não fosse a intrincada situação fundiária da área – sugerem que muito ainda pode acontecer com o perfil da ocupação mbya no litoral. Trata-se respectivamente das aldeias Aguapeú – que, após cinquenta anos desabitada,[6] foi recuperada por parte do grupo original e seus agregados –, e Parati Miri – que na década de 1940 foi uma importante aldeia, em razão da força espiritual de sua líder, e vem sendo "pesquisada" pelos Mbya para que volte a abrigar os remanescentes dos grupos familiares que lá viveram.[7]

---

6 Em 1935, grupos familiares dessa aldeia e do Rio Branco empreenderam uma viagem marítima, com embarcação cedida pelo então Presidente da República, Getúlio Vargas. No fim dessa viagem frustrada, alguns se dispersaram na Bahia, chegando até Alagoas, e o grupo de Aguapeú, devido à morte de seu chefe, permaneceu na aldeia do Rio Branco. Comprovantes de vacina (antivaríola) dos viajantes foram guardados cuidadosamente por uma das integrantes do grupo.

7 Nas duas últimas décadas, alguns autores e pesquisadores escreveram sobre os Guarani do litoral, enfocando algumas aldeias específicas. Entre esses estão: Mauro Cherobim (SP), Ligia Simonian (Morro dos Cavalos – SC), Lilia Valle (ES e RJ), Aldo Litaiff (Bracuí – RJ), Zibel Costa (habitação e espaço – Barragem – SP), Bott (Morro dos Cavalos – SC), Kilza Setti (música, Barragem – SP). Entre os autores mais "antigos", além de Schaden e Nimuendaju, destacam-se Benedito Calixto, Frank Goldman e Krone (Itariri).

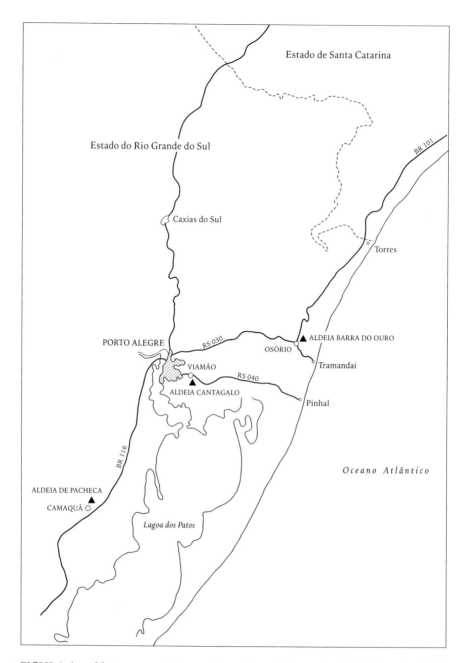

FIGURA 4 – Aldeias guaranis levantadas no litoral do estado do Rio Grande do Sul (década de 1980).

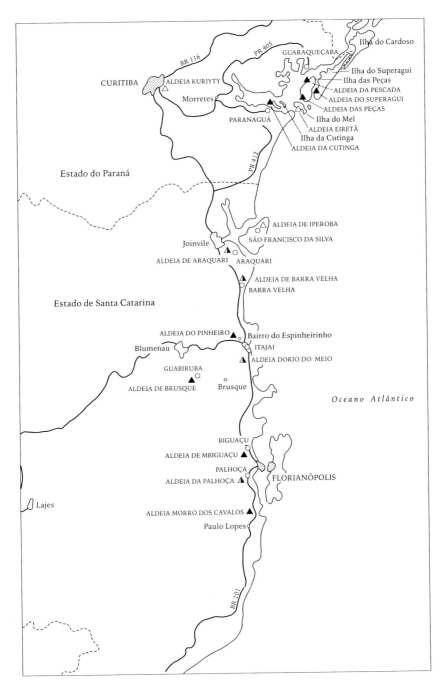

FIGURA 5 – Aldeias guaranis levantadas no litoral dos estados do Paraná e Santa Catarina (década de 1980).

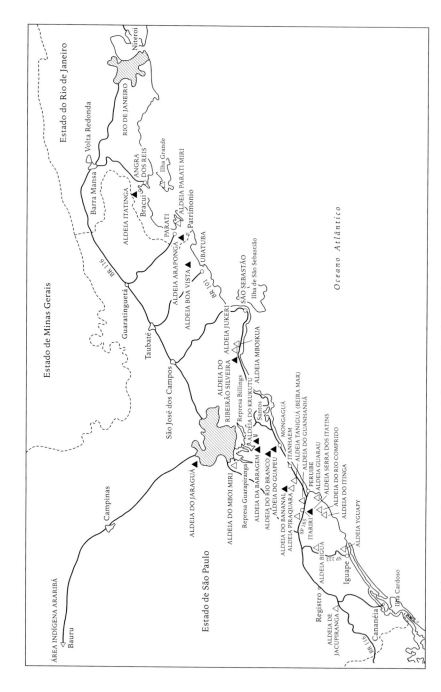

FIGURA 6 – Aldeias guaranis levantadas no litoral dos estados do Rio de Janeiro e São Paulo (década de 1980).

O caminhar sob a luz

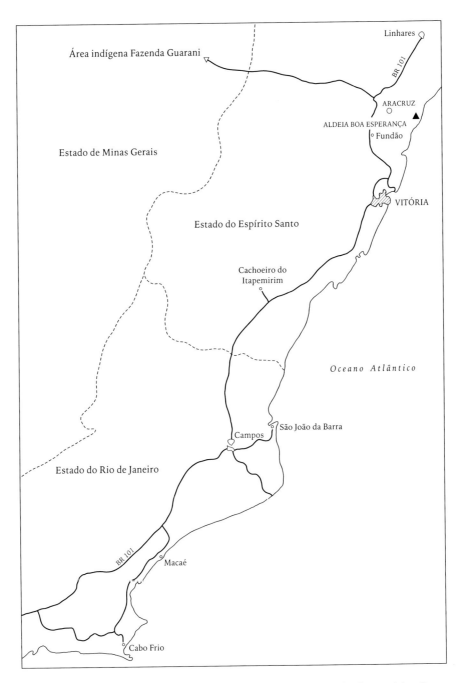

FIGURA 7 – Aldeias guaranis levantadas no litoral do estado do Espírito Santo (década de 1980).

É importante mencionar também algumas aldeias ou pontos de passagens situadas perto da fronteira do Rio Grande do Sul com a Argentina. Segundo informação de Inácio Kunkel, coordenador do projeto mbya do Rio Grande do Sul, essas aldeias ou "pontos de passagem" abrigam sistematicamente famílias de Misiones (Argentina), cujo destino é o litoral do Brasil. São nesses locais que eles definem seu trajeto e os próximos pontos de parada. Entre estes destacam-se: Ruínas de São Miguel (município de São Miguel, ex-Santo Ângelo), Caró (município de São Miguel), Jaguarizinho (município de São Francisco de Assis), Bagé (município de Bagé, perto da divisa com o Uruguai), Taim (município de Rio Grande), Jacuí (município de Jacuí). Em virtude dessa característica, a perspectiva de conservação dessas aldeias ou pontos de parada, pelo Mbya, difere substancialmente da que envolve as demais aldeias guaranis do interior do sul do Brasil, antigos Postos Indígenas da Funai.

O firme propósito dessa caminhada rumo ao Brasil é observada no seguinte trecho do discurso colhido em Misiones, no início dos anos 1980:

> Eu irei às ruínas de Santa Maria,
> irei ao Brasil;
> não há nada que possa me deter,
> não há nada que possa me deter,
> nem o bom dinheiro
> nem o dinheiro em ouro poderá me deter.[8]

---

8 Martinez, P. A. *El canto resplandecente: Plegarias de los Mbya – Guarani de Misiones*, 1984.

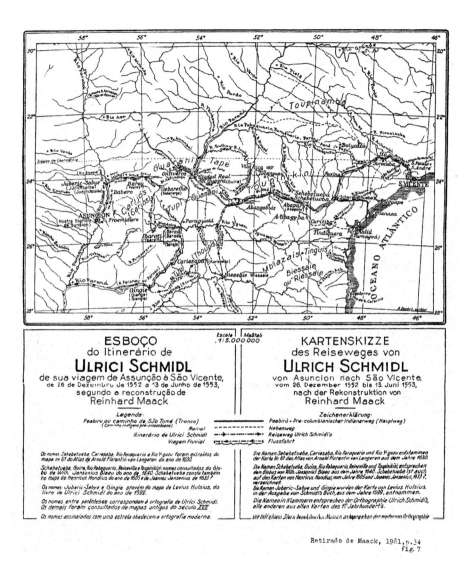

FIGURA 8 – Esboço do itinerário de Ulrici Schmidel (fac-símile, in Maack, 1981, p.84).

FIGURA 9 – Aldeia da Barragem, SP, 1987.

FIGURA 10 – Cacique José Fernandes, Aldeia da Barragem, SP, 1980.

O caminhar sob a luz

FIGURA 11 – Aldeia do Rio Silveira, SP, 1991.

3
O território tradicional e as migrações religiosas

As fontes históricas

> Antes da chegada dos europeus, os guarani integravam a grande família, ou a nação conhecida com o nome de Guarani-Tupi. A mesma ocupava uma vasta região que, de maneira descontínua descia pelas costas do Oceano Atlântico, desde a desembocadura do Amazonas até o estuário Platino, estendendo-se rumo ao interior até os contrafortes andinos, especialmente em volta dos rios. A família Guarani-Tupi habitava, pois, grande parte dos atuais territórios do Brasil, Paraguai, Argentina, Uruguai, Guyana, Bolívia, Peru e Equador. O núcleo guarani propriamente dito se centrava entre os rios Paraná e Paraguai com certas prolongações; pode-se dizer que os guarani habitavam a atual região oriental do Paraguai, o estado de Mato Grosso e parte da costa Atlântica, no Brasil, e a província de Misiones na Argentina, com algumas fixações em território boliviano pelo noroeste e Uruguai pelo sudeste. (Saguier, 1980)

Hélène Clastres resume a ocupação tupi-guarani no século XVI sem contradizer a definição de Saguier, da seguinte forma:

> Os Tupis ocupavam a parte média e inferior da bacia do Amazonas e dos principais afluentes da margem direita. Dominavam uma grande extensão do litoral Atlântico, da embocadura do Amazonas até Cananeia. Os guaranis ocupavam a porção do litoral compreendida entre Cananeia (SP) e o Rio Grande do Sul; a partir daí, estendiam-se para o interior até ao rio Paraná, as aldeias indígenas distribuíram-se ao longo de toda a margem oriental do Paraguai e pelas duas margens do Paraná.
>
> Seu território era limitado ao norte pelo Rio Tietê, a oeste pelo Rio Paraguai. Separado deste bloco pelo Chaco, vivia outro povo Guarani, os chiriguanos, junto às fronteiras do Império Inca. (Clastres, 1978, p.8)

Esse território era então jurisdição da Província do Paraguai que integrava os atuais estados do Paraná, Santa Catarina, Rio Grande do Sul e Mato Grosso do Sul, além de parte do Uruguai e Argentina (Carvalho, 1981, p.5).

Os cainguás (gente da floresta), denominação atribuída às tribos guaranis que não se submetem às reduções jesuítas nem aos colonos, viviam, por volta de 1800, "nas nascentes do Rio Iguatemi, estendendo-se para o norte até a cordilheira de São José, perto das nascentes do Ypané" (H. Clastres, 1978, p.10).

A viagem empreendida por Ulrich Schmidel trouxe à luz novos documentos e informações. Ao contrário de Cabeza de Vaca, seu movimento se deu do interior para o litoral. Partiu, pois, de Assunção (Paraguai), com guias indígenas, pelas trilhas abertas e utilizadas pelos índios em seus movimentos migratórios em direção à costa, passando e parando em diversos aldeamentos.

O aldeamento do povo de "Biessaie" (Mbiazais), onde descansaram quatro dias, depois de penosas caminhadas, encontra-se, segundo Schmidel, no Rio Urquaie (Uruguai), a seis dias de viagem através de densa mata e Karieseba (Carieseba) (Maack, 1981, p.31).

> O nome do povo dos 'Biessaie' ou 'Riessaie' encontra-se nos mapas espanhóis antigos a oeste da Serra do Mar, no território do atual Estado de Santa Catarina, ao norte do Rio Uruguai. H. Plischke (1926, p.9) indica o nome deste povo no seu esboço de mapa para o relato de Schmidel, na zona entre as nascentes dos rios Iguaçu e Uruguai. Para a mesma zona, Romario Martins (1937, p.45) menciona as tribos Tupi dos 'Mbiazais',

que são idênticas às 'Biessaie' e cujo nome os espanhóis aplicavam às tribos Tingui. (Maack, 1981, p.33)

Francisco de Assis Carvalho Franco (in Staden, 1974, p.67-8, nota 86) cita o comentário de Moisés Bertoni acerca do fato de muitos autores considerarem como sendo o mesmo povo os Carijós e os Mbya, porque os primeiros tinham "sobre a Laguna de los Patos, el puerto de Mbiaça". Este mesmo autor, entretanto, crê que se trata de povos diferentes e afirma que "os mbias, provindos do Paraguay, penetraram fundo no Brasil e formaram o áis de Mbiaça (Viaçá), que vinha desde o Paraguai até as cercanias de Cananeia, passando ao norte do Rio Iguassú". A mesma nota faz menção a mapas antigos que "assinalam de fato essa região" e ao percurso de Ulrich Schmidel, que atravessou o país dos Viaçás.

Se hoje é possível distinguir a ocupação e o território, coincidente ou não, dos diferentes subgrupos guaranis da América, o mesmo não sucedia com relação ao território original delineado pelos cronistas e historiadores. Algumas tentativas de classificação dos grupos que habitavam a região foram feitas, mas, em geral, várias etnias eram agrupadas como sendo uma só nação, e é possível que as disparidades de informações devam-se, além de razões históricas, também à complexidade e à natureza da ocupação das diversas etnias que viviam nas vastas matas inexploradas do continente sul-americano, ao contrário do que acontece hoje. Pode-se acrescentar ainda, como fator de divergência quanto às denominações atribuídas aos índios pelos colonizadores, o interesse que espanhóis e portugueses tinham em ampliar o território de seus aliados, Guarani ou Carijó, e, em consequência, seu próprio domínio, sobrepondo classificações e divisões tribais, conforme suas próprias regras.

Essas indefinições perduraram durante séculos, o que dificulta pesquisa sobre o assunto.

> A escassez de notícias dos Mbya em território Brasileiro deve-se em grande parte às imprecisões daqueles que entraram em contato com os grupos Guarani no século passado, notadamente no estado do Paraná, englobando todos os grupos como "Guarani" e sem especificar diferenças dialetais não diferenciavam os Mbya dos outros subgrupos Guarani. (Ladeira & Azanha, 1988, p.16-7)

No início do século XX, a literatura etnográfica começa a registrar a presença dos "remanescentes" guaranis no litoral sudeste.

> No litoral, a parte justamente a mais agreste e inculta, entre a Ribeira de Iguape e a bacia fluvial do Rio Conceição, foi a zona por eles preferida. Ali estão eles verdadeiramente em sua casa; toda essa região é inteiramente despovoada, ninguém os incomoda, a não ser algum caçador que uma ou outra vez penetra nessas florestas.
>
> Daí também lhe são fáceis as suas viagens para os centros povoados, pois estão apenas a três e quatro dias de Santos e São Paulo, e a dia e meio de Itanhaém, aonde vêm vender o produto de suas indústrias e fazer seus pequenos provimentos.
>
> Os antigos habitantes da aldeia Itariry, faziam as suas sortidas para o interior, subindo o curso do Rio Guanhanhã que deságua no Rio Itariry: daí seguiam até São Lourenço; subiam a serra e tomando o rumo de oeste, transpunham os sertões que mediam os municípios de Piedade, Pilar, Lavrinhas e Apiahy, atravessando nesse ponto o valle do Taquary que confina com o Rio Verde, onde existe o principal núcleo de aldeamento, como já referimos.
>
> Hoje, esse trajeto está quase abandonado e suas viagens para o Rio Verde são feitas por outro itinerário: ou seguem pelo Rio Branco de Itanhaém, subindo a serra até Santa Cruz dos Parelheiros e daí a Santo Amaro, onde tomam a estrada geral até Sorocaba e Faxina; ou descendo pelo Rio Juquiá, seguem até Xiririca e dali a Itapeva da Faxina, que dista apenas doze léguas de São João Baptista e do Rio Verde. (Calixto, 1902)

Além de Nimuendaju, que conviveu com várias "hordas" nhandévas que se dirigiam ao litoral, há o testemunho de Schaden sobre grupos mbya originários do leste paraguaio e nordeste argentino caminhando rumo ao litoral de São Paulo, com passagem pelo Rio Grande do Sul, Santa Catarina e Paraná. Schaden menciona a chegada de três grupos: em 1924, 1934 e 1946.

> Destes três bandos, os primeiros dois já estiveram no Espírito Santo, em Minas Gerais e no Araribá, vivendo agora parte na aldeia do Rio Branco e alguns poucos remanescentes no estado do Espírito Santo; o terceiro, depois de conviver algum tempo com os companheiros do Rio Branco e com os do Itariri, retirou-se para o Rio Comprido, na Serra do Itariri. (Schaden, 1974, p.5)

Sobre as aldeias do litoral sul de São Paulo, há ainda o artigo de Goldman (1959) sobre artesanato, que localiza as aldeias na região.

Se até os anos 1960, como é o caso dos trabalhos citados, encontram-se alguns registros e documentos sobre a presença guarani no litoral sul de São Paulo; o mesmo não sucede com relação às aldeias contemporâneas do litoral norte de São Paulo e dos litorais do Rio de Janeiro, Paraná e Santa Catarina. Entretanto, Schaden refere-se ao Espírito Santo como local que abriga índios Guarani vindos em 1924 e 1934. Nos relatos de viagens do grupo familiar mbya mais antigo que vive hoje na aldeia Boa Esperança (ES), faz-se menção às aldeias de Itariri, Silveira (década de 1940) e Parati Mirĩ, entre outras, onde viveram antes de se fixarem na aldeia Boa Esperança (ES).

A povoação indígena do Araribá (município de Avaí, interior de São Paulo) foi criada em 1911 pelo Serviço de Proteção aos Índios para concentrar e abrigar os Guarani – Apapocuva que viviam na região. O plano de Nimuendaju de atrair e fixar os Guarani do litoral de São Paulo, Paraná e Mato Grosso para a P. I. Araribá não foi tão bem-sucedido em virtude da grande resistência dos Guarani em lá permanecerem. Tampouco conseguiu impedir o movimento guarani em direção ao litoral, nem atrair os que já estavam fixados ao longo da Serra do Mar (Ladeira & Azanha, 1988, p.15).

Outras fontes,[1] baseadas em pesquisas de campo e dados mais recentes, também ampliam o registro sobre a ocupação guarani atual no território brasileiro, incluindo, além do interior dos estados do sul e o interior do estado de São Paulo, toda a extensão do litoral do Rio Grande do Sul ao Espírito Santo, além de alguns pontos no Maranhão, Pará e Tocantins. Os Guarani Mbya que vivem hoje na região Norte (Tocantins, Pará, Maranhão), "bem além" do que a história e a literatura etnográfica considera como sendo território de ocupação guarani, não

---

1 VALLE, Lilia. Relatórios sobre o Projeto Guarani/ES. Centro de Trabalho Indigenista, 1980-1985; LADEIRA, Maria Inês. Relatórios sobre o Projeto Guarani. Centro de Trabalho Indigenista, 1980-1991; Ladeira & Azanha (1988); Ladeira (1989); Cherobim (1981); Simonian (1986); Levantamentos das aldeias Mbya do Rio Grande do Sul (Projeto Mbya/RS); depoimentos dos Guarani.

FIGURA 12 – Palhoça, SC, 1991.

foram, ainda, alvo de estudos ou pesquisas que discutam as razões de sua presença nesses locais.

As definições dos vários autores sobre o território tupi-guarani provêm, ou são articuladas, em função da grande dispersão da família tupi-guarani e das migrações guaranis na região meridional. De tal forma o fator "movimento" está embutido na definição desse território que é impossível caracterizá-lo sem se remeter aos movimentos migratórios desses grupos.

Ainda hoje as migrações realizadas pelos Mbya a partir dos estados do sul do Brasil, ou de Misiones, na Argentina (de toda forma, passando pelos estados do sul), em direção ao litoral sul e sudeste, apesar da relativa desconsideração com que são tratados, vêm acrescentar novos dados e informações sobre o território desses índios, sobre seus pontos de parada, pontos de passagem e a formação de novas aldeias.

Cadogan, que se ocupou da história de dirigentes religiosos que encabeçaram movimentos migratórios, assim se pronuncia:

> Creio que um estúdio minucioso de estos héroes que ingresaron en el Paraiso sin sufrir la prueba de lá muerte, arrojaria mucha luz sobre las migraciones en busca de Para Guachú Rapytá – el origen del gran mar: y la yvy mara Ey – la Tierra sin mal, cuyas cuasas tuvieron un tanto perplejo a Nimuendaju. Todos ellos obtuvieron la gracia: i jaguyjé, en la era contemporânea "en esta Tierra" como dicen los Jeguaká-va y encabezaron migraciones ao Brasil, pues el ingreso al Paraíso se hace cruzando el mar – Para Guachu. (Cadogan, 1952, p.234)

O sentido das migrações e do território mbya

> Em fins do século passado, um certo Ypéy percorreu as aldeias do interior e incitou os Guarani a se prepararem para com ele caminhar até o mar, tão logo ele completasse sua visita a todos os bandos. Gabava-se de que seu tio havia alcançado o *Yvy maraẽy* diante dos seus olhos e lhes teria confiado o segredo do caminho para lá. Eu, pessoalmente, nunca cheguei a ver Ypéy, mas muitos bandos me contaram que ele estivera entre eles. Finalmente ele desapareceu, e ninguém soube me dizer que fim teve este profeta. Seus últimos vestígios se perdem em Mato Grosso.
>
> Em maio de 1912 encontrei, para surpresa minha, o acampamento de um pequeno grupo de Guarani paraguaios a apenas 13 Km a oeste de São Paulo, num pântano às margens do Tietê. Eram autênticos índios da floresta, com o lábio inferior perfurado e arcos e flechas, sem conhecimento do português e falando apenas algumas palavras de espanhol. Era o que restava de um grupo maior que aos poucos, no caminho, havia ficado reduzido a seis pessoas ... Eles queriam atravessar o mar em direção ao leste: tamanha era sua confiança no sucesso deste plano, que quase me levou ao desespero. Aliás, não se podia falar de outro assunto com eles. (Nimuendaju, 1987, p.104-6)

No primeiro parágrafo, Nimuendaju menciona o desaparecimento de Ypéy, deixando supor que, de fato, Ypéy conhecia o segredo do caminho de *yvy maraẽy*. O desaparecimento do corpo é, ainda hoje, para os Mbya, a prova incontestável da realização do destino. (Os Mbya mencionam a ocorrência desses eventos, testemunhados pelos seus contemporâneos em alguns pontos do litoral.)

No segundo parágrafo, já no litoral de São Paulo, Nimuendaju ressalta a convicção do pequeno grupo de caminhar em direção ao mar. Na sequência do texto, o autor descreve o temor e o desânimo do bando diante da imensidão e do furor do mar e, por fim, a aceitação de voltar rumo a oeste e se instalar na reserva de Araribá. Entretanto, o arrependimento, já no início da caminhada em direção contrária, e o desejo de organizar-se para um novo enfrentamento com o mar são maiores que o medo e o desânimo. A muito custo Nimuendaju consegue levá-los à reserva de Araribá.

> Esta meia dúzia de paraguaios me deu mais trabalho só que cento e cinquenta oguauíva. Entretanto, não consegui retê-los: ... eles reuniram seus pertences e saíram pelo mundo, muito provavelmente de novo em direção ao mar. Nunca mais tive notícias deles. (Nimuendaju, 1987, p.107)

Para Hélène Clastres, a convicção que nutria as migrações se explicava pelo fato de que:

> A Terra sem Mal foi o núcleo à volta do qual gravitava o pensamento religioso dos tupis-guaranis: a vontade de chegar a ela governou suas práticas: esteve na origem de uma diferenciação nova, nascida do xamanismo, que viria a isolar uma categoria especial de xamãs: os *caraís*, os homens-deuses cuja razão de ser era essencialmente promover o advento da terra sem mal. Pois a atividade dos homens-deuses não se limitava a discorrer sobre as maravilhas da terra eterna: *propunham-se a conduzir os índios para ela* (grifo nosso). Sabe-se que desde a conquista até o começo deste século numerosas migrações afetadas pelas tribos tupis e guaranis tinham como único objetivo a procura da Terra sem Mal. Além disso, é muito provável, como sugere Métrau, que migrações semelhantes (isto é, provocadas por motivos exclusivamente religiosos) tenham acontecido antes da chegada dos europeus... (Clastres, 1978, p.56)

Nimuendaju, Cadogan, Métrau, Pierre e Hélène Clastres, Schaden, Meliá, entre outros, discorreram sobre as migrações guaranis em direção ao mar. Outras fontes mais antigas que se referem à delimitação do território tupi-guarani já incluíam a costa atlântica. Entretanto, apesar da significativa literatura a respeito dos movimentos migratórios dos Guarani, que compreende fontes históricas desde o relato dos cronistas até pesquisas de campo, percebe-se uma resistência, até mesmo por parte dos estudiosos, de se relacionar os grupos guaranis que vivem hoje junto à Serra do Mar ao mito da Terra sem Mal e à continuidade dos movimentos migratórios dirigidos pelos grandes heróis "divinizados". Vários autores que discorreram, nas últimas décadas, sobre os grupos guaranis contemporâneos do litoral não fazem nenhuma analogia destes com os grupos migratórios dirigidos pelos grandes heróis nos séculos passados. Nos movimentos migratórios recentes, praticamente ignorados, é em geral desconsiderado o seu teor mítico e religioso. Mesmo a constatação desse teor não impede as previsões pessimistas de autores que sugerem o desaparecimento, em um futuro próximo, das aldeias do litoral. A causa deste enfoque talvez se dê em razão de que a presença atual dos Guarani no litoral, para muitos, aparece desprovida do caráter místico-heroico idealizado por alguns autores que se referem ao passado.

Talvez, para isto, contribua a mudança de cenário onde, ao invés de rochas e montes sugestivos, os Guarani sejam obrigados a fazer suas paradas à beira das estradas, embaixo de pontes e viadutos, mas levando sempre consigo as sementes do milho original (*avaxi etei*) para plantar nos "verdadeiros lugares". Por outro lado, os Guarani que hoje insistem, como único recurso, em viver junto às poucas áreas de mata preservada, e por conseguinte nas chamadas "Áreas de Proteção Ambiental", não contam, em geral, com o apoio dos ambientalistas. As famílias Mbya que seguem percorrendo as estradas a pé, de ônibus ou trem, que não se assemelham aos grandes heróis míticos da literatura, não convencem a sociedade dominante de que devem ser eles, por excelência e direito, os habitantes do que restou das matas preservadas.

Entretanto, a despeito de sua "invisibilidade", as migrações mbya são uma constante que vem se acentuando ou se confirmando por razões sugeridas no decorrer deste trabalho. As aldeias e os movimentos atuais vêm comprovar que, embora a disponibilidade de terras lhes seja irrisória e que cada vez mais seu espaço no seu próprio mundo esteja diminuindo, os Guarani continuam fiéis na identificação de seu território, elegendo seus lugares dentro dos mesmos limites geográficos observados pelos cronistas durante a conquista.

As aldeias guaranis do litoral são tratadas como se nada tivessem a ver com o território histórico guarani, tampouco com o sentido e a direção das migrações. São consideradas, em geral, meras coincidências, pequenos pontos formados recentemente, sem história ou conexão com o passado. Entretanto, por trás do empreendimento que vem sendo levado a efeito pelos Mbya, existe um projeto comum cuja realização, embora difícil tanto quanto nos relatos imortalizados pela literatura, não é de todo impraticável.

A versão anistórica da presença mbya no litoral serve para justificar a falta de direito e necessidade de terra para os Mbya. A literatura etnográfica e histórica, farta no século XVI com relação aos índios da costa Atlântica, menos de um século depois, contribui com seu silêncio sobre os povos remanescentes do litoral, para a divulgação da seguinte crença: todos os índios da costa brasileira teriam desaparecido – dizimados, misturados à população branca ou refugiando-se para o interior. Assim estaria garantida a posse do território costeiro à nova sociedade dominante.

Os Guarani, por motivos religiosos e éticos, não disputam terra. A demarcação de terras não faz sentido em seu sistema. Não é qualquer terra que lhes interessa: visam a pontos especiais num vasto território que histórica e socialmente dominam. Não existe contradição. Se um certo desapego e fragilidade com relação às glebas que ocupam e indefinição quando à permanência nas aldeias contrastam com o propósito firme de caminhar à procura de lugares especiais, isso acontece, ao contrário do que se poderia supor, em razão do reconhecimento preciso e vivido do seu território. A terra, ou os lugares que procuram, encontra-se ainda hoje nos mesmos "limites" preestabelecidos pelos antepassados míticos.

A noção de terra está, pois, inserida no conceito mais amplo de território que sabidamente pelos Mbya se insere num contexto histórico (mítico) cíclico, e portanto infinito, pois ele é o próprio mundo mbya.

O caminhar sob a luz

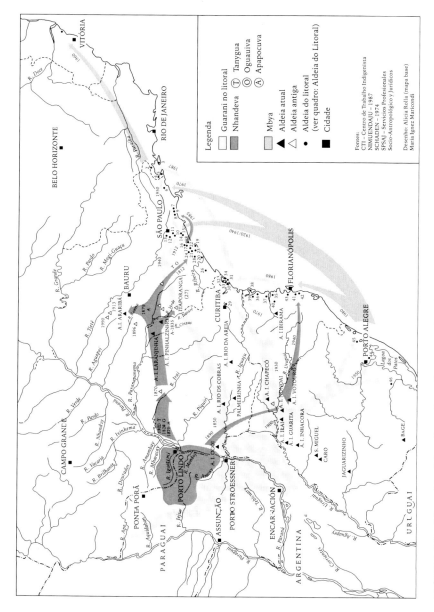

FIGURA 13 – Mapa histórico das migrações guaranis, 1988.

Parte II
Os mitos e o modo de ser mbya

4
Introdução às narrativas míticas

As narrativas míticas apresentadas neste trabalho estão explícita ou implicitamente interligadas, podendo ser pensadas como um só corpo, que não se esgota nestes textos, do qual alguns fragmentos tornaram-se narrativas aparentemente independentes.

Concentradas em temas específicos, elas estão apresentadas na forma em que foram narradas, em momentos e situações diferentes, constituindo-se como narrativas independentes, apesar das inúmeras e mútuas referências e derivações.

A segunda narrativa – *"Nhee ru ete* – A origem dos verdadeiros pais das almas" (cap. 6), foi feita em primeiro lugar, em razão das minhas interrogações sobre a proveniência das "almas-nomes" das pessoas e da sua função no mundo.

Esse relato surgiu no meio de uma conversa entrecortada de questionamentos e foi transcrito diretamente em português. Esse procedimento gerou mais dificuldades quanto à compreensão, pois ao fazer uma tradução direta, do pensamento e da história oral em guarani à linguagem verbal e escrita no português, a narrativa e sua explicação se mesclaram profundamente. Esse texto foi posteriormente trabalhado em outras situações. Entretanto, talvez em virtude dessas "dificuldades", foi esta a narrativa que levantou maiores sugestões e suspeitas.

A ordenação das histórias foi feita segundo os padrões que permitem a compreensão daqueles que não compartilham da cosmogonia mbya. Desse modo, "Nheẽ ru ete" (os verdadeiros pais das almas) foi colocada em segundo lugar, pois ela pressupõe duas "explicações": uma, anterior, sobre o cosmo guarani, sua criação, suas transformações e os elementos que o constituem, contida na primeira narrativa (cap. 5), e outra, posterior, sobre a história vivida pelos Mbya no mundo, contida na terceira narrativa (cap. 7).

"A origem dos verdadeiros pais das almas" é aquela que discorre sobre a origem dos homens, ou melhor, da sociedade mbya. Os Mbya que vão viver neste mundo, os "filhos caçulas", são originados "desde os primórdios" como seres sociais, se observarmos dois aspectos: em primeiro lugar são gerados de uma só vez três casais – nhanderykey (nossos irmãos mais velhos) –, que vão descer ao mundo, conforme veremos no terceiro relato; nhanderykey são portadores de alma-nomes, assim como seus filhos o serão, e, dentre os três casais, a mulher do mais velho é *kunhã karai*, o que significa que sua alma, proveniente de *yva paũ* (oriente) deverá orientar o grupo "pela beirada do oceano", facilitando o acesso à *yvyju mirĩ*. Desde então, os nomes-alma já definem a função social da pessoa no mundo.

"A caminhada à beira do oceano" (cap. 7) é o mito em que os Mbya de hoje, os "filhos caçulas", revivem mediante um empenho coletivo, o que, de certa forma, garante a preservação do grupo todo. Como explicam os Mbya, alcançar *yvy maraẽy* é, no entanto, uma realização individual. Aqueles que tentaram levar junto seus familiares e companheiros, que não estavam preparados como eles no momento em que se apresentaram as condições, isto é, com o aparecimento do *apyka*[1] – que os conduz flutuando no ar sobre as águas –, tiveram seu empreendimento frustrado. Entretanto, se o esforço individual é a condição essencial, ele não sobrevive sem o empenho coletivo, que propicia que todos, individualmente, consigam realizar o ideal comum.

---

[1] Pequeno assento de madeira em forma de canoa.

Esses mitos "mbae ypy" (o que é origem; os seres primordiais) foram narrados por Davi (Davi Martins da Silva Guarani – Karai Rataendy), jovem líder espiritual, que nasceu na aldeia da Barragem (São Paulo-SP), tendo vivido em várias aldeias do litoral, entre as quais Rio Silveira (SP) e Cutinga (Ilha de Cotinga, Paranaguá-PR), onde vive um dos seus filhos.

Davi sempre viveu no âmbito do litoral de São Paulo e Paraná. No entanto, seu conhecimento sobre cosmogonia vem ao encontro das apregoações feitas por líderes religiosos recém-chegados da Argentina (Misiones), o que indica, no mínimo, que as migrações mbya são uma constante histórica.

Alguns comentários feitos por Davi, decorrentes de nossos diálogos, estão inseridos na própria narrativa. Durante a tradução, que fizemos em conjunto, surgiram outras explicações complementares, que procuramos colocar destacadas da narrativa original, embora elas não se diferenciem substancialmente dos comentários integrados à narrativa.

FIGURA 14 – Davi aos 8 anos, Aldeia da Barragem, SP, 1978.

FIGURA 15 – Davi, Aldeia do Aguapeú, SP, 1991.

Alguns termos, como origem, construção, revelação, iluminação, plenitude, oceano etc. apareceram espontaneamente nesses mitos relatados por Davi, embora ele não tenha anteriormente conhecido a obra de Cadogan ("*Ayvu rapyta* – textos míticos de los Mbya-Guarani del Guairá"), nem outras traduções de discursos ou mitos guaranis. Essa habilidade em trabalhar e traduzir conceitos em outro idioma (português, no caso) não decorre do perfeito domínio da língua. De um modo geral, no diálogo corrente, em português, com os Mbya, o português soa quase sempre confuso e restrito. Ao contrário, na tradução das narrativas míticas ou dos discursos religiosos, tal habilidade é nítida e parece que ocorre em função da riqueza de expressões "poéticas" da língua guarani erudita que buscam, naturalmente, expressões similares nos outros idiomas. Lembremos que os discursos e ensinamentos proferidos cotidianamente estão sempre vinculados aos "mitos" de origem.

"O mito é uma história verdadeira porque se refere sempre a realidades" (Eliade, 1963, p.13). Assim, a história sobre a origem ou descoberta das aldeias e do que se constitui o território mbya é verdade porque a ocupação mbya no litoral é um fato.

Para os Mbya, especialmente os que estão em processo de migração ao litoral ou que ainda não definiram um lugar para um assentamento mais duradouro, "viver os mitos" como "experiência religiosa"[2] não se distingue da vida cotidiana, pois o cotidiano está impregnado de relações míticas com o universo. Para colocar em prática o objetivo final, alcançar *yvy maraẽy*, que significa em termos reais a sobrevivência do povo mbya, é preciso viver um cotidiano determinado pelo mito. Nesse sentido, a religiosidade, advinda do relacionamente ou da convivência com as divindades – os pais das almas e as criaturas primordiais – permeia naturalmente os atos cotidianos. Podemos constatar que até as atividade profanas, como os trabalhos remunerados e o comércio do artesanato, são atividades cuja prática se acentua pela necessidade de se obter recursos para realizarem suas viagens (-guata).

A memória das tradições do grupo é, assim, sempre resgatada, pois ela não está atrelada exclusivamente à transmissão oral das tradições, por meio das gerações, ou à prática formal dos rituais. Ela é posta em prática, secularmente segundo os princípios dos mitos que fundamentam o pensamento e a ação dos Mbya. Não se pretende dizer que as transformações e os vários processos vividos pelo Mbya em decorrência do contato secular não sejam captados nas narrativas míticas. Permanece entretanto a estrutura dos mitos à qual são incorporados os elementos novos que foram acrescidos ao repertório cultural do grupo. Simplificadamente dizendo, é possível aos Mbya incorporarem ou se apropriarem de elementos da sociedade envolvente sem que isto signifique que estejam passando por um processo de perda de identidade étnica.

Nesse sentido, se fizermos uma breve análise do contato atual entre os Guarani e os brancos, a despeito das conclusões catastróficas e da deterioração da qualidade de vida dos índios, podemos observar que a natureza dessas relações não passou por um processo alheio às próprias modificações e "desenvolvimento" da sociedade dominante.

---

2 Para Mircea Eliade (1963, p.23), "viver os mitos implica uma experiência verdadeiramente religiosa visto que se distingue da experiência vulgar da vida quotidiana". Segundo o autor, revive-se o mito por meio dos rituais que o envolvem. Daí a sua distinção com relação às demais atividades.

Perseguição, dominação (religiosa, econômica – principalmente com relação a terra), paternalismo, ignorância são e sempre foram marcas patentes do contato iniciado desde a conquista da América.[3]

A história mbya é resgatada cotidianamente. Sociedade oral por excelência, em que a retórica tem lugar de destaque, o conhecimento das "belas palavras", base dos ensinamentos, é o atributo mais desejado. A conservação do saber e das tradições é valorizada justamente pelo seu componente de oralidade. O desenvolvimento ou aprimoramento do ser humano, do ser Mbya, passa pelo aperfeiçoamento de seu discurso oral, pela penetração que este pode alcançar no seio da comunidade. Leva-se ainda em consideração (e neste aspecto se descartaria a necessidade da escrita) que a sabedoria advém das revelações contidas nos sonhos, da iluminação obtida por aqueles que, mediante a obediência às regras ditadas pelos mitos, estão mais próximas de Nhanderu e do conhecimento.

Um dos preceitos míticos, contido na primeira narrativa (cap. 5) "Yvy tenonde", é a manutenção do intercâmbio de informações entre os vários grupos familiares, a despeito da grande extensão territorial onde estão localizadas as aldeias mbya: "Onde, onde meus filhos tiveram assento junto aos seus fogos, seus pensamentos devem estar voltados uns aos outros, em todos os lugares (Mbya rekoa)". Esse intercâmbio se realiza por meio da expressão oral, dos sonhos e das andanças, formas essas prescritas pelos mitos. Nesse sentido, o termo "memória", enquanto conservação, síntese ou análise histórica, parece ter outro significado entre os Mbya, em que a história, em termos temporais e espaciais, é revivida, vivida e interpretada constantemente.

---

3 Com relação à cultura material, podem-se observar as modificações ocorridas no repertório indígena, fruto da perda de território, consequência do sistema de dominação determinado pelo contato e pelo aumento do contingente populacional da sociedade dominante. Observa-se entretanto que os elementos da cultura nacional incorporados pelos Mbya são absorvidos diferentemente. Assim, as roupas, as louças, os objetos eletrônicos têm sua utilização sujeita aos padrões do grupo, e sua duração condicionada às necessidades imediatas do possuidor.

Poderíamos ainda inverter a ordem temporal do mito, que é tratado quase sempre como uma história antiga, conservada através do tempo. Pensemos na hipótese de que um grupo vá buscar a explicação para uma certa realidade que esteja vivendo, mediante a elaboração de um "outro" mito que, embora "novo", se remeta aos primórdios, à criação do mundo e da humanidade, abrangendo os preceitos e as normas de convivência prescritos em outros mitos. Dessa forma, a situação difícil que um determinado grupo esteja vivendo, que quase sempre lhe foi imposta, justifica-se por meio do "novo" mito, que traz, ao mesmo tempo, as indicações de como superá-la. Dessa forma, tenha o mito um ano, trinta ou milênios de existência, ele sempre se remete à origem do fato vivido na atualidade por uma sociedade que se organiza culturalmente sob a estrutura do mito e segundo as normas divinas nele estabelecidas.

Como exemplo, digamos que certo grupo, tal qual os Mbya, cujas relações sociais, econômicas etc. estão condicionadas pela estrutura e pelas normas existentes nos mitos, se encontre, devido a fatores externos impositivos, diante de uma urgente preocupação como um conflito implicando a perda de terra. Esse grupo só vai poder buscar a explicação e a orientação para a compreensão e resolução de seu problema por intermédio dos conteúdos do mito, que é a própria história da sua sociedade. Para tanto, é necessário recorrer aos mitos que tratam de outras esferas como nascimento, nome etc. e cujos desdobramentos dão conta de todas as situações. "O mito portanto é uma história que não só fundamenta, mas constrói novas bases para o novo" (Eliade, 1963, p.19).

Partindo da afirmativa de Pierre Villar de que tanto em se tratando de grupos como de pessoas, "a memória não registra, constrói", Lopes Austin compara a construção da memória a um jogo dialético em que se opõem sistemas ideológicos a complexos conjunturais e dinâmicas sociais. Conforme explica:

> Los sistemas ideológicos asimilan el acontecer cotidiano imponiéndole orden y sentido; pero este mismo acontecer, cargado con los intereses opuestos de los conflictos sociales, producto de las contradicciones en el campo de lo concreto, embiste contra las estructuras, ya para adecuarlas

provisionalmente a los apremiantes intereses del presente, ya para transformalas en definitiva". Resumindo "en el proceso de construcción de la memoria se da el juego dialéctico en el que las estructuras ideológicas frenan la asimilación casuística y anárquica de lo cotidiano, y en el que la incidencia de lo conyuntural proporciona dinámica a las estructuras. (Austin, 1976)

No mesmo artigo ("La construcción de la memória"), Austin exemplifica, enriquecendo sua argumentação sobre a construção da memória, com a questão do tempo:

La simultaneidad de diversas concepciones del tiempo entre los antiguos nahuas puede observar-se en las descripciones del fin de las migraciones, en el tiempo de los asentamentos definitivos de los grupos migrantes. La memoria historica servía para justificar el establecimiento; pero por una doble vertiente. Los migrantes, al establecer-se, se remitiam a los tiempos míticos, recurríam al pacto de alianza con el dios patrono para recibir de él, por medio del milagro, la tierra prometida. El caso más conocido es el de la aparición del águila sobre el nopal para señalar el sitio definitivo de los mexicas. Por el milagro Huitzilopochtli entregaba la tierra a su pueblo. Pero el milagro na hacia desaparecer un dominio politico previo sobre las tierras ocupadas. Al mismo tiempo, el reconocimiento de la realidad política concreta se inscribia en uma memoria que manejaba la cronologia de lo lineal, se ocupaba de la sucesión de los hechos irrepetibles. Por medio de este registro se establecían los límites externos e internos en el territorio, se fijaban derechos y obligaciones frente los vecinos, incluyendo los poderes hegemónicos de la región, y se atribuían meritos de fundación a los linajes de dirigentes. Eran, pues, dos tipos de memoria: uno, el del tiempo mítico hecho presente para pautar la acción, para regir un rito de ocupación de la tierra, para dar cohesión a los grupos ocupantes; otro, el del tiempo lineal, para establecer las relaciones que imperarían a partir de la ocupación de la tierra. (Austin, 1977)

Em síntese, "conhecer os mitos é aprender o segredo da origem das coisas. Por outras palavras, aprende-se não só como as coisas passaram a existir, mas também onde as encontrar e como fazê-las ressurgir quando elas desaparecem" (Eliade, 1963, p.24).

O caminhar sob a luz

FIGURA 16 – Aldeia Boa Vista, 1985.

Síntese das narrativas

Conforme explicam os mitos sobre a concepção do mundo guarani mbya, a ocupação mbya no litoral, à beirada do oceano, ocorre há muito mais tempo do que a história dos brancos possa contar.

Ela existe desde o "primeiro mundo", quando este era todo plano, de terra e água, e seu "suporte", de avaxiygue (caule do milho), não era resistente.

Então nele "só viviam os mais velhos", só Mbya. Os brancos (*jurua*) vieram de um outro mundo, outra ilha, e chegaram depois, atravessando o oceano.

Era um mundo "improvisado", mas nele já havia semente de milho (*avaxi etei*), *yaũ* (semente preta usada para fazer adornos), *kapia pukui* (conta usada para fazer adornos), *pindo i* (palmeira sagrada),[4] e os rios (yy). Nessa época, os Mbya já viviam à beira do oceano. Esse mundo já era uma ilha, pois já se encontrava cercado pelo oceano. Por ser frágil, era um experimento de Nhanderu (nosso pai). E foi destruído por *yvy omyĩ* (terremoto) para que, revirando-se a terra de dentro para fora, o mundo adquirisse uma nova forma, com vales e montanhas. Seus habitantes salvaram-se. Todos "atravessaram o oceano" e foram para *Nhanderu retã* (lugar de Nhanderu). Neste primeiro mundo (antes do terremoto), não estava em questão a conduta de seus habitantes, que, por meio da plenitude (*agüyje*) obtida pelo "bom comportamento", atravessaram a grande água alcançando, com seu corpo e sua alma, *yvy maraẽy*, o lugar de Nhanderu (*Nhanderu retã*). O que Nhanderu pretendia com essa primeira destruição era aperfeiçoar as formas do mundo.

Yvy jevy (o mundo erguido, depois do terremoto) já vai possuir seu relevo, montanhas e vales, suas formas são definitivas. O suporte deste mundo, *yvy rapyta* (o "tronco do mundo") vai ser de pedra.

Yv ovu (a água que inundou o mundo) não destruiu o mundo, suas formas permaneceram. O mundo, depois do dilúvio, continuou igual. Seus suportes, de pedra, "não se acabam". O dilúvio destruiu as pessoas, os "seres fracos". Nhanderu passou a criar, então, uma nova sociedade. A destruição pelo dilúvio não pretendia afetar as formas do mundo, que já haviam sido definidas com o terremoto. A questão era, pois, o julgamento da conduta humana. Nhanderu, por meio dos "mais fortes", queria aperfeiçoar a sociedade mbya.

"Pois os Mbya se separaram entre os fortes e os fracos." Os fortes são aqueles que não se afastam do bom comportamento, são os que

---

4 Pindo: palmeira; pindo guaxu: palmeira grande (coqueiro); pindoro: palmeira de cujo tronco são feitos os arcos (guyrapa) e cujo palmito é usado como remédio para dor de cabeça, de estômago; pindovy ou pindo etei: tem um palmito doce bom para se comer e de suas folhas são feitas as coberturas das casas. Seus frutos, quando maduros são alimento, e seu óleo é usado como remédio e para cozinhar. Das suas fibras são feitas cordas e cordões para os adornos.

resistem às tentações, mantendo-se assim em contato com Nhanderu. Todos os fortes ultrapassaram o oceano, os fracos permaneceram "no mundo imperfeito". Então, com o dilúvio, Nhanderu destruiu os mais fracos e, assim, a sociedade que estava fraca.

Ikuai rivevae (os mais fracos de todos, aqueles que não conhecem os ensinamentos) foram destruídos inteiramente, de uma só vez. As almas dos fracos, daqueles que tentaram, mas não conseguiram "alcançar com seu corpo" o lugar de Nhanderu, *Nhanderu retã*, voltaram ao mundo para serem "guardiões". Os mais fortes vão com o corpo e a alma para *yvyju mirĩ*, seguindo o caminho à beira do oceano. Só os "muitos fortes" conseguem atravessar o oceano e chegar à *yvy maraẽy*, a terra onde nada tem fim (*Nhanderu retã*).[5]

Eles procuram os sinais de antigas "construções de pedra". Nhanderu ilumina onde existem as construções de pedra, as ruínas (*tava*). Essas casas, que nunca se acabam (*oo maraey*), não podem ser frequentadas pelas pessoas fracas (Mbya), nem pelo jurua. Se a *óó maraẽy* foi construída pelos fracos, pode ser usada pelos brancos. Mas se foi feita por uma alma forte, só os Mbya fortes vão encontrar. Os Mbya vão então procurar encontrar essas ruínas para viverem nesses "lugares sagrados". Elas são o indício da presença dos antepassados que ali ergueram seus telkoa e dali atingiram *yvyju mirĩ*.[6]

---

5 O conceito de *yvy maraey* reside na própria semântica da expressão, traduzida por interlocutores Mbya: *yvy* (terra) *mará* (que estraga, destrói, acaba) *ẽy* (negativo). Assim, creio que a condição de "eternidade" dos elementos que a compoem é a que mais condiz com *Nhanderu retã*, o lugar de Nhanderu.

6 Algumas vezes, os Mbya associam antigas ruínas de missões religiosas com sinais de suas *opy* (casa de rezas), as *óó maraey* que deveriam ser indestrutíveis. De toda forma, as ruínas atestam a existência de antigas aldeias, uma vez que as missões se estabeleciam no seio das comunidades indígenas para desenvolverem seus trabalhos de catequese.

No litoral paranaense, devido aos vestígios da Casa das Missões do Superagui da Companhia de Jesus (Ilha do Superagui – Guaraqueçaba), os Mbya reconhecem sua antiga ocupação.

A existência das pedras e ruínas indica que ali pode se encontrar um dos esteios do mundo (*yvy rapyta*), o que confirma o local como sendo um dos lugares eleitos que contém os elementos do mundo original.

Nhanderu ete (*Nheẽ ru ete*) mandou água antigamente (*yy ombou rakae*) para este mundo, para este mundo imperfeito, para acabar com todos os males desse mundo. Depois, *Nhanderu* ete mandou para o mundo, com o corpo e com a alma, dois filhos e duas filhas, para essa terra imperfeita.

5
Nhanderu yvy ojapo rakae, yvy opa ague, yvy ojapo jevy – Nhanderu construiu o mundo antigamente, o mundo terminou, o mundo foi erguido novamente

Yvy tenonde – O primeiro mundo[1]

"Nhanderu Tenonde yvyre ou *Nosso Pai Primeiro veio ao mundo.*

Nosso pai primeiro fez o primeiro mundo. Então ele disse: este mundo não durará muito tempo. Pois o suporte deste mundo, yvy rapyta, não durará.

Nosso pai primeiro diz: – Meus filhos, vocês têm que passar por todas as provas. Onde, onde meus filhos tiverem acento junto aos seus fogos (tatáypyre), seus pensamentos devem estar voltados uns aos outros, em todos os lugares (Mbyarekoa). Nhanderu veio no começo do mundo, yvy apy.[2]

[No começo do mundo não existia o jurua. Pois o branco veio do outro mundo, de outra ilha (yy paũ). Pois o começo do mundo é Nhande

---

[1] Os trechos em itálico são traduções das narrativas guaranis. Os trechos entre colchetes resultam de conversas e intervenções da autora e dos narradores.

[2] O começo do mundo ou início do mundo ou princípio do mundo ou *Yvy Apy* implica tempo (origem) e, sobretudo, lugar (origem). É o lugar, por excelência, onde existem as boas coisas dos tempos primordiais, onde Nhanderu iniciou a construção do mundo. *Apy* significa extremidade, ponta. *Yvy apy* é a extremidade do mundo, que se encontra na beirada do oceano.

yvy memema são nosso mundo, nossa terra, só nossa. Nhande Kuéry, de todos nós, que somos Mbya.]

O primeiro mundo acabou, foi destruído.

O primeiro mundo foi destruído por um terremoto, yvy omyĩ rakae. O suporte do primeiro mundo era de avaxi ygue (caule de milho). Quando veio o terremoto tudo virou e surgiu uma terra nova, um mundo novo. Depois Nhanderu Tenonde veio ao mundo de novo mas não pisou nesse mundo. Veio sobre as nuvens. Ele disse para o seu filho que veio ao mundo:

– Este é o nosso mundo. E eu vou me esquecer um pouco deste mundo. Depois eu vou pensar sobre o que eu vou fazer para este mundo.

'Mokõi Pindo, Ava kunhã, Ava kunhã.'

Duas palmeiras, macho e fêmea, foram criadas por Nhanderu, no primeiro mundo. Quando veio o terremoto ficaram só as suas sementes, pindo rayi, no mundo. Que depois brotarão novamente ..."

Yvy jevy – O mundo se ergue de novo

"Este mundo durará. E sobre as nuvens ele contou ao yvyraijá:[3] – O seu suporte (o que o sustenta, yvy rapyta) será de pedra.

[Eu contarei. Nosso mundo é redondo, mas não se sabe onde começa e onde termina. E tem três estacas em cada lado e no meio também tem uma. E em cada lado da estaca do centro também tem uma.]

No primeiro mundo (yvy tenonde) não havia montanhas. Ele diz: – Pois este é um mundo novo. Você vai ver como o mundo vai ser.

E enquanto ele contava para yvyraija, ele mostrava o mundo em seu peito; com as montanhas, os matos e as águas.

– Esse mundo vai estar cheio de montanhas (yvyã vyã), você vai ver. E seus filhos caçulas (nderay apyre) vão andar pela beirada do oceano (Yy eẽ rembérupy). Pela beirada do oceano é como deve ser (aeve'veju). No primeiro mundo eu gerei muitas coisas. Gerei os animais e os homens (homem e mulher).

---

3 O dono da varinha ou vara insígnia. Aquele que comanda seu grupo por meio da orientação de Nhanderu.

Antigamente, no primeiro mundo (yvy tenonde) veio Nhanderu ete, Nheẽ ru ete. Depois, depois do terremoto, no mundo novo, quando Nhanderu retornou à Nhanderu retã ele disse ao seu filho Kuaray: – Você deverá cumprir um pedido. Nossos filhos caçulas estão no mundo imperfeito. Eu já estou de volta. Escolhe um de nossos filhos caçulas.

E Kuaray diz: – Meu pai, está difícil, mas eu vou cumprir o que você falou. E contou como iria fazer:

– Eu vou andar do começo do nosso mundo até o seu meio (yvy mbyte peve). Do meio, vou andar para o fim do mundo. Kuaray disse.

E enquanto ele se preparava para vir para o mundo, Nhanderu perguntou: – Como você vai fazer?

E Kuaray respondeu: – Eu vou fazer assim: você gerou meu irmão mais velho (xerikey) no mundo. Você gerou minha irmã mais velha (xe rendy vaimĩ) no mundo. Por isso eu não vou com meu corpo ao mundo. Mas eu vou escolher quem vai ser minha mãe na terra imperfeita. E vou escolher quem vai ser meu pai. Eu vou ver como vai ser.

["Nhanderu Nhanderu, Nhandexy Nhandexy; Kuaray ruma Nhanderu (o pai de Kuaray é Nhanderu). A alma pertence a Kuaray em Nhamandu (homem). A alma pertence a Kuaray em Nhanju (mulher)".]

Nhanderu disse para o Kuaray: – Vai no mundo. Eu não fiz tudo o que estava para ser feito no mundo. Eu deixarei para você fazer, do seu modo.

Antigamente, quando Nhanderu terminou de fazer o mundo, ele voltou ao seu lugar (Nhanderu retã). Ele levou o "brilho de seu peito" (opya rendy), por isso o mundo ficou em trevas (pytũ). E isso não estava bem para o mundo.

Nosso pai primeiro fez o nosso mundo. Depois que ele terminou, então ele foi de novo para Nhanderu retã, levando seu brilho no peito. Então ficou só a noite. E, mesmo assim, havia os bichos e os pássaros no mundo. Havia homens e mulheres. Pois antes disso, antes de ir para seu lugar, Nhanderu gerou seus filhos e suas filhas (Mbya) aqui no mundo. Então, com pena deles, dos pássaros e das pessoas, ele foi embora e falou ao seu filho Kuaray: – Vá ao mundo. E você será meu herdeiro (xe yvyryvarã).

[Então Kuaray veio ao mundo. E então, no mundo, ele gerou seu irmão Jaxy.

Nosso mundo foi criado por nosso pai primeiro (Nhanderu Tenonde). Quando foi terminado, Nhanderu pensou naqueles que ficariam nesse mundo. Nosso pai primeiro teve pena de urukoreai (coruja), teve pena de seu filho e de sua filha. Teve dó (omboaxy) de todos.]

Nosso pai primeiro, então gerou kuaray. Kuaray quando veio ao mundo, gerou para ser seu companheiro no mundo aquele que seria seu irmão, Jaxy."

Yy ovu ague – A água que inundou o mundo

El Señor Incestuoso transgredió contra nuestros Primeros Padres: se casó com su tia paterna.

Estaban por venir las aguas; el Señor Incestuoso oró, cantó, danzó; ya venieron las aguas, sin que el Señor Incestuoso hubiera alcanzado la perfección.

Nadó el Señor Incestuoso, con la mujer nadó; en el agua danzaron, oraron y cantaron. Se inspiraron de fervor religioso; al cabo de dos meses adquirieron fortaleza.

Obtuvieron la perfección; crearon una palmera milagrosa com dos hojas; en sus ramas descansaron para luego dirigirse a su futura morada, para convertir-se em inmortales.

El Señor Incestuoso, el señor de la unión nefanda, él mismo creó para su futura morada de tierra indestructible en el paraiso de los dioses menores. Se convirtió el Señor Incestuoso en nuestro padre Tapari; se convirtió en el verdadero padre de los dioses menores. (Cadogan, 1959, p.57-8)

"Antigamente, o mundo foi desfeito pelo terremoto e nada ficou neste mundo. Depois, Nhanderu mandou para este mundo dois homens e duas mulheres.

E ele então disse: – Vocês vão daqui com o corpo e voltarão com o seu corpo. Vocês irão alcançar, de novo, Nhanderu retã.

[Então, até hoje os yvyraija que conseguem passar pelas provas irão alcançar Nhanderu retã com seu corpo.

O mundo sempre começou com os Mbya, Mbya etei.

Os Mbya etei não aumentarão tão depressa como os brancos. Pois os Mbya não foram feitos para aumentar como os brancos.[4]

Então, muitos anos já se passaram: ano velho (ara yma) ano novo (ara pyau).]

Então, naquele tempo, um yvyraija (cuja alma era proveniente de Tupã retã) conseguiu a iluminação e a revelação. Então ele disse para seus parentes: vamos rezar e ser fortes, pois vai acontecer uma coisa que vai nos assustar. Virá a água para nos assustar. Então vamos nos reunir no mesmo lugar e nos concentrar. Pois quando vier o dilúvio (yy ovu) na lua nova, (Jaxy pyau) vai chover, de dia e de noite, sem parar, até chegar de novo a lua nova.

Aqueles primeiros que se reuniram já seguiram a reza do yvyraija. Para que eles conseguissem se salvar com seu corpo veio o apyka. Quando a água já estava alcançando o teto da casa onde eles estavam (opy guaxu), o apyka chegou e se encostou. E todos partiram, no apyka.

Mas restaram um homem (ava) e uma mulher (kunhã). Essa mulher era tia do homem, ijaixe, era irmã do seu pai. O homem era sobrinho da mulher, era ipe, filho de seu irmão.

Então eles estavam em erro pois contrariaram Nhanderu.

Só se via água. E não havia mais nenhuma árvore. Só uma palmeira (pindo etei) que eles avistaram de longe.[5]

E eles conseguiram chegar até essa palmeira, com muito esforço, nadando. Então eles subiram na palmeira, mas havia também alguns bichinhos que também queriam se salvar. Eram xapire (urubus).

Então eles subiram na palmeira onde os urubus, que eram muitos, queriam pousar brigando pelo lugar, bicando também suas cabeças. O homem e a mulher começaram a gritar chamando Nhanderu e também a cantar para Nhanderu: "Neike xeru ete, oremboaxy inhóke" (Escute meu pai verdadeiro, tenha compaixão de nossos erros).

---

4 Os Mbya foram feitos para conservar o mundo. Os brancos são invasores do mundo dos Mbya, e por isso eles aumentaram tanto.
5 Sobre esta passagem do mito do dilúvio é interessante conferir a análise interpretativa de C. Zibel Costa (1989), em que em meio a outras observações faz uma analogia entre a palmeira (pindo etei) e a morada ou casa guarani.

Enquanto isso, os urubus faziam sujeira em suas cabeças, mas eles não se importavam com isso. Durante dois dias eles cantaram, rezaram, sem parar. E não sabiam se Nhanderu iria buscá-los porque eles tinham errado para Nhanderu.

Durante dois dias foi assim.

Dois dias depois, à meia noite (pytũ mbyte) eles enxergaram o apyka que se encostava na palmeira.

Eles se foram, mas também não conseguiram alcançar o lugar de Nhanderu, (Nhanderu amba). Eles foram levados para Nhandekére, lugar das almas imperfeitas.

[Depois desse acontecimento, não é mesmo possível casar com parente do mesmo sangue "ndaevei joegua onhemoiru avã".[6]]

Quando chegou a lua nova, depois de muitos dias de chuva, a chuva parou. Mas já não havia mais habitantes no mundo. Então as águas do rio começaram a baixar.

Quando chegou novamente a outra lua nova, o rio secou totalmente. E demorou mais uma volta da lua para ficar tudo limpo.

Depois disso o mundo ficou mais uma volta da lua descansando.

Então Nhanderu mandou mais duas mulheres de Kuaray retã. E mais dois homens de Karai retã, para este mundo imperfeito. Quando chegaram neste mundo, cada casal se juntou para ter seus próprios filhos".

[Este mundo levou esse tempo para se normalizar de novo, para ficar novamente do jeito que era antes do dilúvio.

Nhanderu levou quatro voltas da lua para construir o mundo. E depois do dilúvio foi preciso mais quatro voltas da lua para que o mundo ficasse como antes.]

---

6 "Nhanderu diz a seus filhos caçulas: – Não se deve ser como *mymba* (animais de criação), não se deve misturar o mesmo sangue, nem misturar-se com *avarei* (os que não são Mbya). *Mbya etei*, os Mbya verdadeiros têm seu próprio pensamento em Nhanderu ete." Nhanderu ensina seus próprios filhos a cantar, ensina as boas (belas) palavras. Nhanderu também orienta os Mbya sobre o modo e o momento em que devem fazer seus pedidos. E principalmente a distinguir o que deve ou não ser motivo de pedido.

O caminhar sob a luz

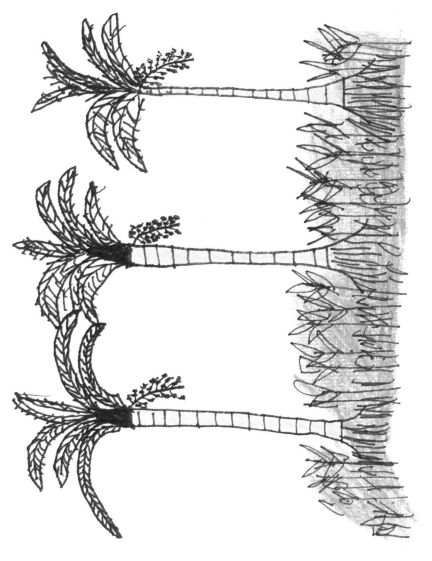

FIGURA 17 – "Palmeiras" (Pindo), Mario da Silva, 1982.

FIGURA 18 – Aldeia da Barragem, SP, 1985.

O tempo na formação do tekoa

"Quatro voltas da lua" (ou quatro luas novas) é, também, o tempo necessário e suficiente para se construir o tekoa. É o tempo de se preparar a terra e de se plantar. É, fundamentalmente, o tempo necessário para se colher o milho novo. É o tempo gasto para se fazer as casas, para se criar um lugar novo à semelhança do mundo original. Dificilmente este ciclo é interrompido. Isto é, raramente os Mbya deixam um lugar sem que tenha se cumprido o tempo certo, estabelecido por Nhanderu, para se construir ou recuperar o tekoa. Esse tempo coincide com o ciclo do milho, sendo comum que a chegada a um novo lugar ocorra antes da época do plantio do milho, no tempo de preparar a terra, por volta de julho, e a saída do tekoa, temporária ou "definitiva", aconteça depois da colheita e do *nimongarai* (o batismo do milho), após as tempestades.

Não é necessário o abandono do local em que se vive para se recriar um tekoa. O projeto comum para os que ficam é o de aprimorar o tekoa recuperando as condições físicas e sociais que possibilitarão a sua transformação em *yvy apy*, local de onde é possível alcançar *yvy maraẽy*. Num tekoa que abriga muitas famílias, a saída de um grupo está sempre associada ao fato de que não é possível, em razão do preceito divino contido nos mitos, conciliar a permanência de dois *yvyraija*. Esse preceito – que implica controle territorial e demográfico, na organização social e nas regras de reciprocidade, em equilíbrio dos recursos naturais em termos de sua utilização para subsistência – funda-se no critério de que um *yvyraija* e uma *kunhã karai* como complemento, ou vice-versa, é capaz de guiar seu grupo até *yvy apy*.

Os líderes religiosos recebem, em sonhos, as revelações, e estas não devem concidir, pelas razões expostas anteriormente, quanto ao caminho que o grupo familiar sob sua responsabilidade deve traçar.

> Animicamente, o Guarani é um povo em êxodo, embora não desenraizado, pois a terra que procura é a que lhe servirá de base ecológica, amanhã como em tempos passados. Durante os últimos 1.500 anos ... os Guarani se mostraram fiéis à sua ecologia tradicional, não por inércia, mas pelo trabalho ativo que supõe a recriação e a busca das condições ambientais mais adequadas para o desenvolvimento de seu modo de ser ... A busca da terra sem mal, como estrutura do modo de pensar do Guarani, dá forma ao dinamismo econômico e à vivência religiosa, que lhe são tão próprios. (Meliá, 1989, p.293)

O tekoa é traduzido como o lugar onde é possível realizar o modo de ser Guarani. Teko, "o modo de ser", abrange a cultura, as normas, o comportamento, os costumes (Montoya, 1976 [1639], p.363-6). "O tekoa, com toda a sua materialidade terrena, é sobretudo uma inter-relação de espaços culturais, econômicos, sociais, religiosos e políticos" (Meliá, 1989, p.336).

Na verdade, "fundar" um tekoa, ou recuperá-lo ou reconstituí-lo mediante as unidade familiares, é realizar o projeto coletivo de reconstrução do mundo Mbya por meio da reprodução, nos diversos tekoa, dos elementos originais existentes em *yvy apy*. *Yvy apy* é o lugar exemplar criado por Nhanderu, onde desceram seus filhos, na terra, e de onde é possível retornar ao infinito.

A noção de abundância entre os Mbya não está pois relacionada com a ideia de quantidade, mas, sim, com a da qualidade dos elementos existentes no tekoa. Quando se referem à *yvy maraẽy*, a terra que não termina e onde nada tem fim, a fartura que ela contém está na qualidade de perenidade e de renovação, características dos alimentos, das plantas, dos animais e da água.

"Em *yvy apy* há uma nascente de água boa, que nunca acaba." Quando os Mbya transportam, aonde quer que vão, as sementes do milho verdadeiro (*avaxi etei*), eles não estão preocupados em produzir grandes roças, mas sim em perpetuar sua produção por meio do mesmo ciclo, reproduzindo a origem do mundo. Nunca, ou quase nunca, os Mbya guardam sementes do milho hídrico comum (*avaxi tupi*) após a colheita, o que indica que as coisas verdadeiras criadas por Nhanderu nunca devem se acabar, o que não é o caso do milho comum.

Nesse sentido, a abundância para os Mbya está associada à qualidade dos elementos criados por Nhanderu, que tem a marca da perenidade. Por isso, para os Mbya, os *Mbya etei*, "os verdadeiros filhos de Nhanderu", alcançar a eternidade, com o corpo e a alma, significa confirmar sua autenticidade enquanto criatura original.

Kuaray ou ague – Kuaray veio neste mundo[7]

Nhanderu mandou para o mundo uma alma para um homem (yvyraija), e uma alma para uma mulher (kunhã karai). Depois, a mulher concebeu a

---

[7] Em *Ayvu rapyta* (Cadogan, 1959, p.69), Cadogan apresenta uma versão bem detalhada deste mito, que compreende ainda o modo como Kuaray foi concebido e várias passagens sobre as "peripécias" de Jaxy que confirmam o julgamento depreciativo que os Mbya fazem do mau comportamento e dos "erros" praticados por ele.

criança e recebeu do yvyraija a alma da criança. E o pai já sabia qual era a alma (nhee porã) da criança.

(Isto aconteceu antigamente, antes do dilúvio.)

O pai da criança foi para outro lugar. E o pai da criança falou para a mulher: – Eu vou para outro lugar. O dia que você quiser ir atrás de mim, você irá. Em cada encruzilhada eu deixarei uma pena preta de urui (galinha silvestre). Onde não houver pena de urui você não seguirá. Então o homem seguiu seu caminho. Quando caminhava, nas clareiras do caminho ele deixava a pena de urui. O pai da criança sempre seguiu um caminho reto (sem curva), mas era um caminho estreito.

Depois, a mãe de Kuaray (Kuaray era a criança que estava em seu ventre) seguiu o caminho. Então, em cada encruzilhada ela perguntava para seu filho e Kuaray respondia: – Vamos seguir o caminho reto. Então a mãe seguia o caminho reto.

Em cada encruzilhada havia flores bonitas. Em cada encruzilhada havia flores amarelas (potyju), e a criança gostava. Quando Kuaray via as flores amarelas, ele dizia à sua mãe: – Pega elas para mim. – E sempre a mãe pegava.

Num momento em que ela estava apanhando as flores um marimbondo (mamanga) deu uma ferroada na mão da mãe de Kuaray. De tanta dor, ela balançava a mão, e sua mão bateu na sua barriga e machucou a criança. Depois disso ela parou de sentir a criança. Ela fez isso sem querer, mas ela sabia que a criança estava em seu ventre. Depois disso, a dor já tinha passado. E ela começou a andar de novo, para frente. Depois, continuando a caminhar, chegou em outra encruzilhada. E começou a falar com seu filho de novo, perguntando: – Pra onde nós vamos?

Mas a criança não respondia (não dava a voz), nem se mexia mais. Ela perguntou três vezes. Ela perguntou três vezes e nas três vezes a criança não respondeu. Então a mãe seguiu. Mas não sabia aonde ir nem qual estrada devia seguir. Então começou a seguir o caminho que aparecia primeiro, não seguiu mais reto. Depois ela chegou numa casa onde havia uma velhinha. A velhinha era uma onça preta (xiviu). Mas a mãe de Kuaray não falava. A velhinha diz: – Ah! minha filha por que você veio? Este caminho é perigoso, mas mesmo assim você o seguiu. Meus filhos são maus, mas como você conseguiu chegar, eu vou te ajudar a escapar. Meus filhos vão chegar. Se meus filhos chegarem eles vão saber.

(Isto aconteceu antes do dilúvio. Estes animais são as onças e vivem no mato. E foi a onça que matou a mãe de Kuaray.)

Depois os filhos da onça velhinha chegaram. Quando vinham pelo caminho só se via onça (xivi, ipoagua).[8] *Eles chegaram na casa e sentindo o cheiro da kunhã disseram para sua mãe: – Você caçou, mas como você conseguiu esconder?*

Ela falou para os filhos: – Mas como eu vou conseguir? Vocês já sabem que eu sou uma velha e não tenho mais força para isso.

Enquanto eles falavam assim, a mãe de Kuaray estava escondida embaixo de um caldeirão (oja guaxu) feito de barro. Então mesmo assim os filhos não acreditavam e queriam saber de onde vinha o cheiro. E procuravam por tudo, revirando todas as coisas.

Enquanto isso, o mais velho não tinha chegado ainda. Ele era o mais forte de todos. E ao chegar revirou tudo também. E quando ele saiu de dentro da casa ele viu o caldeirão virado de boca pra baixo. Sem querer ele chutou com força o caldeirão e assim ele matou a mãe de Kuaray.

Então a mãe das onças falou ao filho. Já que vocês mataram a mulher, vocês deixam o feto (ipuruakuei) para mim. Então os filhos deram ipuruakuei para a mãe deles.

A velhinha comeu a placenta (endakuei).[9] *Ela jogava tudo na brasa (tatapy). Tudo o que era pra comer ela comeu. E o que era a criança (o que era kuaray) ela não comia. E a criança (kuaray) sempre "pulava" do fogo. Então a velha diz: – Eu deixarei a criança em cima do fogo para secar. E depois essa criança será a minha criação (mymba).*[10] *Eu vou deixar em cima do fogo para secar.*

E quando a criança secou, a própria criança desceu de cima do fogo. Então ela foi completada com a força do fogo.

---

8 Ipoagua: que não tem mão "firme". Todos os animais são *ipoagua*.
9 Nesse tempo, os animais e as pessoas conviviam e conversavam. Nesse tempo, as almas das pessoas fracas que não conseguiam alcançar com seu corpo *yvyju mirî* voltavam à terra nos corpos dos animais. Também o jurua possuía a forma animal. Mas as pessoas, os Mbya, nunca vão comer a placenta, e essa é uma diferença que vai separar os homens dos animais.
10 Animal de estimação ou de criação.

Quando a criança desceu de cima do fogo, a avó onça disse: – Meus filhos, deixem a criança viver. Este será o nosso caçula.

Quando a criança já conseguia fazer tudo, então disse: – Minha avó, faz um arco e uma flecha para mim – e a velha assim fez.

Com o arco e a flecha Kuaray saía para o mato. Ele ia longe. Quando ele vinha do mato, ele trazia sempre muitos pássaros. E ele sempre fazia isso. Sempre ele ia no mato e trazia bastante passarinho. A velhinha sempre falava para ele não ir para Nhandekére (lado do braço direito, nascente), onde existia ka'aguy ovy (mato verde) e, por isso, havia muito marimbondo (mamanga). Nesse lugar havia o papagaio, que sabia do acontecido.

Um dia, Kuaray foi para esse lugar. Ele estava no mato, e apontou a flecha para o papagaio e o papagaio falou: – Mas como você vai fazer isso? Você está fazendo assim, matando todos os passarinhos e levando para sua avó que matou a sua mãe.

Então Kuaray voltou chorando e ficou com os olhos vermelhos: – Como! Então foi assim? – E quando ele chegou na casa da sua avó, a velha disse para ele: – O que aconteceu? Por que você não me trouxe mais os passarinhos? – e Kuaray respondeu: – Porque os marimbondos me aferroaram – e mostrou seus olhos vermelhos. Depois disso ele continuava chorando. Até que sua avó perguntou: – Por que você não vai mais caçar passarinho para mim? – E Kuaray respondia: – Porque meus olhos ainda estão doendo.

Depois de tudo, ele pensava: "Já que minha mãe foi morta por eles, eu procurarei pelos ossos (kangue) da minha mãe".

Então juntou todos os ossos de sua mãe. E levou para o mato. E não demorou para que Kuaray gerasse dos ossos de sua mãe o seu irmão. E este irmão vai ser Jaxy (lua).[11]

Dos ossos que ainda sobraram, Kuaray tentou gerar sua mãe de novo. Mas ele não conseguia. Pois quando a mãe deles já estava quase pronta, Jaxy chamava por ela querendo mamar em sua mãe. E então toda vez ela se desfazia, porque ela não tinha o tempo para descansar, para se completar, para ter a "iluminação", para viver novamente.

Kuaray tentou três vezes. Mas não conseguiu. Então, com raiva, pensou em acabar com as onças.

---

11 Kuaray e Jaxy são a origem dos irmãos.

Kuaray e Jaxy sempre viviam juntos. Jaxy e Kuaray sempre andavam com arco e flecha e sempre viviam juntos. Depois de muitos anos, Kuaray e Jaxy já não tinham mais vontade de viver aqui no mundo. Kuaray não queria mais viver nesse mundo. Então ele disse para seu irmão Jaxy: – Vamos fazer assim. Vamos pegar todas as onças, vamos atrair os bichos (as onças) até onde há um rio que está cheio de yypo (lontra, ariranha). Vamos fazer uma ponte (yyryvovõ), bem comprida. (A ponte era de taquara.)

Quando eles terminaram de fazer essa ponte, Kuaray e Jaxy foram na casa da velhinha e disseram: – Vamos todo mundo buscar carne de tapii (anta). Então eles foram.

E Kuaray disse para Jaxy: – Quando todos estiverem no meio da ponte, você solta a ponte e todos cairão. E não deixe nenhum escapar –. Kuaray disse para Jaxy: – Você vai atrás. Eu vou na frente. Depois que eu atravessar o rio, do outro lado do rio, darei o sinal. Quando eu der o sinal, você solta a ponte.

Kuaray já estava do outro lado da ponte. Enquanto isso, as onças estavam começando a passar. Quando todas as onças estavam no meio da ponte, havia uma que ainda estava entrando na ponte. Kuaray olhou para ver se todos já estavam no meio e, naquela hora, a última onça, que estava grávida, estava começando a entrar na ponte. Kuaray olhou para o lado onde estava Jaxy. Ele olhou só para ver se estava tudo bem. Mas Jaxy pensou que Kuaray estava dando o sinal. Então Jaxy soltou a ponte. Então de repente aquela onça que estava grávida pulou para fora da ponte e se salvou.[12]

Então Kuaray disse para Jaxy: – Eu ia dar o sinal. Mas está bem. Eu ia acabar com todos eles, mas assim está bem –. Então Kuaray disse para Jaxy: – Agora vamos ter que fazer a caminhada. Vamos pela beirada do rio –. Então eles foram. Eles foram longe e eles viram um pescador sentado na beira do rio. Era Anhã. (Isso aconteceu antes do dilúvio.)

Kuaray quis enganar Anhã. Então Kuaray foi por baixo da água. Ele foi com um galho da árvore e prendeu no anzol de Anhã para fingir que o peixe estava puxando o anzol. Kuaray fez assim. Então Kuaray saiu da água e então, Jaxy falou: – Já que você enganou Anhã, eu também quero enganar –. Pois Kuaray falou: – Você não pega o anzol, você finge que o peixe está puxando o anzol.

---

12 A onça grávida vai procriar e as onças continuarão no mundo.

E Jaxy falou: – Vou fazer assim. Foi e mergulhou em direção do anzol. Mas ele já fez de outro jeito. Então, ele pôs o anzol na boca.[13] E Anhã, na primeira puxada, já tirou Jaxy.

(Anhã foi, pois, o primeiro pescador. E o primeiro peixe que ele pescou foi Jaxy. Então Jaxy "fez também o bem" porque senão não existiria a pesca. E até hoje é assim. Todos os pescadores pegam peixe por causa de Jaxy.)

Depois disso Kuaray foi falar com Anhã. E Kuaray falou para ele que não mastigasse os ossos de seu irmão.

Então Anhã obedeceu. E comeu toda a carne de Jaxy e deixou os ossos.

Depois disso, Kuaray recolheu todos os ossos de Jaxy e levou com ele para que depois Jaxy pudesse ser gerado de novo.

E Kuaray gerou Jaxy de novo dos próprios ossos de Jaxy.

E dali seguiram de novo, juntos.

Kuaray e Jaxy chegaram no meio do mundo (yvy mbyte). Eles estavam indo em direção a Tupã retã. E ali eles esperaram um pouco. Por isso, em cada meio dia o sol para um pouco, porque eles descansaram em yvy mbyte.

Kuaray diz para seu irmão: – Vamos ver quem consegue alcançar arai ovy (o azul do céu, a parte mais distante do céu) com a flecha.

Kuaray atirou a flecha para cima e a flecha alcançou arai ovy.

Jaxy, seu irmão, também jogou a flecha para cima. Mas sua flecha não alcançou arai ovy. Só alcançou as nuvens, arai xiĩ (as nuvens brancas, que ficam mais próximas).

Kuaray jogou a flecha três vezes e sempre a flecha alcançava arai ovy. E cada flechada que arai ovy levava, ela abaixava, descia na direção de Kuaray.

Jaxy também deu três flechadas mas só alcançava arai xiĩ.

Kuaray alcançou sempre o lugar mais alto, em cima de arai xiĩ.

E Jaxy alcançava sempre arai xiĩ. E a cada flechada de Jaxy, arai xiĩ também descia um pouco.

Kuaray sempre foi o primeiro. Sempre alcançou arai ovy, que vai ser o seu lugar, Kuaray amba.

Jaxy foi também para arai mas não alcançou o lugar de Kuaray. Ele ficou em arai xiĩ, que vai ser o seu lugar, Jaxy amba.

---

13 O anzol (pinda) de Anhã era feito de arame. O de Nhanderu era de taquara, uma espécie de forquilha.

Kuaray diz para seu pai: – Eu vou iluminar, clarear o mundo para nossos filhos caçulas.

Jaxy diz para seu pai: – Eu vou iluminar, clarear a noite, a escuridão. Em quatro semanas, irundy ara,[14] eu estarei clareando a noite.

(Kuaray nunca vai se acabar. Ele vai clarear o dia e o mundo. Ele nunca terá preguiça, nunca vai descansar. Jaxy já não é como o sol. Quando é lua nova nós não vemos a lua. Quando Jaxy está um pouco mais alto podemos ver, mas ainda não há luz. E assim a lua vai clareando, cada vez mais forte.)

Quando termina de clarear a noite, Jaxy desaparece. É quando Kuaray brilha no zênite.[15]

Deste mito desprendem-se inúmeras analogias com as diversas esferas da vida. Aqui as observações estão restritas a alguns cuidados que devem ser tomados pelos pais da criança que está para nascer, e logo após o nascimento desta.

Durante a gravidez, os pais não devem manter relações extraconjugais. Relações com múltiplos parceiros podem provocar o nascimento de gêmeos, e comprometer a alma da criança, uma vez que todos os parceiros interferem na formação da criança. Para sua integridade física, e sobretudo espiritual, a criança não deve ter mais de um pai e de uma mãe.

Durante a gravidez, a mãe deve obedecer a vontade do filho na escolha dos alimentos e não deve realizar trabalhos pesados.

Durante o primeiro mês após o nascimento, deve ser observado resguardo, que consiste em dieta alimentar, abstinência sexual e não realização de esforços físicos. É o tempo necessário para que o umbigo da criança seque completamente. A não observância do resguardo faz que o umbigo da criança salte para fora. Principalmente se a transgressão for de ordem sexual.

Da dieta alimentar ficam excluídas as carnes (atualmente é permitido o caldo de carne de galinha), ovos e leite.

---

14 Ara é semana, dia, mês. É tempo e também lugar no céu.
15 O eclipse da lua corresponde ao momento em que Anhã comeu Jaxy.

Até completar o primeiro mês após o nascimento da criança, os pais não devem se ausentar muito das proximidades de sua casa. Quando for preciso sair, em cada encruzilhada devem deixar um galho de árvore para a alma da criança se orientar e não seguir um caminho errado ou ficar perdida no mato. Quando isto acontece, a alma fica sofrendo perdida e longe do corpo da criança.

Se a alma for feminina, acompanhará mais a mãe. Se for masculina, acompanhará mais o pai.

Fases da lua e o calendário de trabalho

A persistência do brilho de Kuaray vence a inconstância da lua. O dia e a noite só se organizam em ciclos quando Kuaray e Jaxy voltam para arai e, separando-se, intercalam seus movimentos. Quando Kuaray está no zênite e Jaxy no nascente, é o dia. Quando Kuaray, passando por detrás da terra, se dirige à *nhanderenondére* até nascer, Jaxy brilha no zênite (lua cheia), é a noite. Quando Jaxy brilha no meio do caminho, em diferentes pontos, formam-se as diferentes luas.

Os Mbya organizam o ciclo das atividades de acordo com as diferentes fases da lua, da seguinte forma:

Jaxy pyau: corresponde à lua nova. A partir do quarto dia do desaparecimento da lua, várias atividades, principalmente as que implicam corte, não podem ser realizadas. A suspensão dessas atividades continua durante *Jaxy ray* (lua crescente) e perdura durante todo o período de *Jaxy endy* (lua cheia, brilhante).

Atividades proibidas neste período:

- plantar (as plantas nao crescem, os bichos comem, surgem pragas);
- cortar madeira para construção de casas ou artefatos, nem sapé ou folha de palmeira para cobertura, nem cipó ou taquara para os artesanatos;
- colher contas e sementes para os artesanatos, nem colher os produtos da roça.

Atividades permitidas:
- preparar a terra para o plantio, ou carpir;
- confeccionar artesanatos, se já dispuserem das matérias-primas, e construir casas, se as madeiras já estiverem cortadas. Deve-se esperar, depois, a época própria para cortar o sapé ou as folhas para cobri-las;
- caçar e pescar.

Jaxy pytu (lua escura) corresponde à lua minguante. Desde que a lua começa a diminuir, perdendo seu brilho, até o quarto dia após o seu desaparecimento (*Jaxy pyau*), os Mbya podem se dedicar a todas as atividades: podem plantar, cortar madeira, taquaras, cipós, sapés e folhas de pindó. Podem colher os produtos da roça e matéria-prima para o artesanato. Podem cobrir as casas, caçar e pescar.

Ara pyau ("ano novo") e *ara yma* ("ano velho")

Ara pyau (Tempos novos, "ano novo". É o período entre dezembro e fevereiro, aproximadamente).[16] Época das chuvas fortes e do calor (verão).

Ara pyau é a época da colheita do milho novo; dos ventos novos (*yvytu pyau*); das tempestades ou chuvas novas (*oky pyau*); época de colher *yvaũ* (semente preta utilizada como conta nos adornos rituais), *yvyra'a* (planta para beleza e tingimento dos cabelos); época de *guyrai nheẽ pyau* (novos cantos dos passarinhos).

É a época do batizado do *ka'a* (erva-mate) e do milho novo e propícia à atribuição dos nomes das crianças.

Ara yma (Tempos antigos, "ano velho". É o período que se estende do fim ao começo de *ara pyau*, aproximadamente entre março e novembro.) É o tempo do frio (inverno).

---

16 Não existe uma data certa para o início e o fim. Os sinais são dados de acordo com variantes climáticas e regionais.

Em ara yma, os pássaros botam os ovos, que nascem em *ara pyau*.

Para o plantio do milho verdadeiro (*avaxi etei*), a melhor época é a lua minguante de agosto, no máximo a de setembro, para que possam ser colhidos em *ara pyau*, isto é, durante o período das chuvas de verão.

6
Nheẽ ru ete – A origem dos verdadeiros pais das almas

Nhanderu Papa Tenonde[1] *traz uma luz resplandescente no peito e se descobre sozinho nas trevas (ara yma).*

No mundo, as águas já existiam. Nhanderu Guaxu trouxe a terra e a colocou em cima e no meio do oceano (yy eẽ). Em seguida gerou as árvores, entre elas a primeira, a palmeira eterna (pindovy ou pindo etei). Depois, gerou uma pombinha (apykaxu) e o urukoreai (corujinha), e o tico-tico (kykyi) e o urui (galinha silvestre).

Nesse tempo, só existia o dia. E os pássaros, quando cansados da luz, se escondiam sob um bambu (takua guaxu) caído no chão onde descansavam e se divertiam, cantavam e dançavam. Urukoreai só vive no escuro, então não saía do buraco do bambu. Com pena de urukoreai, Nhanderu Guaxu foi viver

---

1 Nhanderu Papa Tenonde (nosso pai último – último primeiro ou nosso primeiro pai, absoluto. Cadogan (1959, p.15-6) refere-se assim ao termo Papa empregado pelos Mbya). *Nhanderu Guaxu* (nosso grande pai); *Nhanderu Yma* (nosso pai "primordial"); *Nhamandu*, o pai de Kuaray (*Kuaray ru ete*), *Nhanderu ete* (nosso pai verdadeiro). Estes são os nomes de *Nhanderu Tenonde*, o criador do mundo.

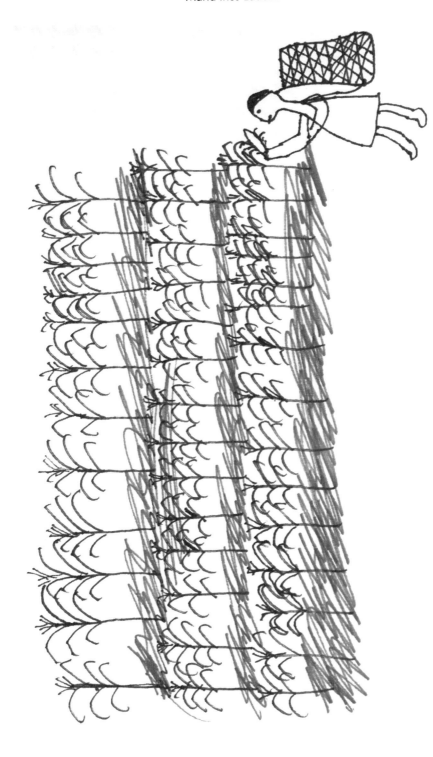

FIGURA 19 – "Roça de milho, uma velhinha tirando milho", Mario da Silva, 1984.

O caminhar sob a luz

nas trevas (arai) em Nhanderu retã (lugar de Nhanderu) e, com ele, levou a luz resplandescente de seu peito (Kuaray),[2] que fazia a claridade.

[No mundo ficou só a noite.]

Kuaray vai para a terra imperfeita (yvy vai) com seu corpo e sua alma, gerados no ventre da mulher que escolheu para ser sua mãe na terra.[3]

Nhanderu Guaxu e Nhandexy geraram em Nhanderu retã, Tupã. Tupã veio para ser guardião do mundo. Seu brilho (overa) e seu barulho (opororo) são suas armas destruidoras.[4]

[As árvores também têm alma. Se a alma da árvore for má, Tupã destrói a árvore, matando sua alma. Cada coisa que vê e não gosta, destrói com o poder de suas armas.

Tupã fugia de seus inimigos, de todos os seus inimigos, que o perseguiam para matá-lo. No meio do caminho existia uma árvore grande e espinhosa chamada kurupay (monjoleiro), que escondeu Tupã do perigo. Os inimigos passaram e Tupã saiu do esconderijo.

Na direção de Nhanderu retã existe um lugar, onde Nhanderu vai mandar seus filhos ao mundo. É yvy apy (origem, começo do mundo). Em yvy apy há uma nascente de água (yyvu). Do meio dessa nascente brotam as sementes do milho verdadeiro, avaxi etei, yvaũ (semente para fazer colar/mboy). Existe ainda em yvy apy o koxi (porco do mato, diferente de katetu, que é salgado). Tupã criou koxi para alimentar os 'eleitos'.

---

2 Essa luz resplandescente de seu peito é traduzida pelos Mbya como sendo Kuaray – o sol, enquanto divindade. Em "Ayvu rapyta" (Cadogan, 1959, p.14), assim aparece: "Nosso pai Ñamandu, o Primeiro... não viu trevas: ainda que o sol não existisse, ele existia iluminado pelo reflexo de seu próprio coração: fazia que lhe servisse de sol a sabedoria contida dentro da sua própria divindade".
Já Nimuendaju (1987, p.47) afirma que essa luz "endy", apesar de chamada de Kuaray por seu informante apapocuva, "não se referia ao sol propriamente dito, e sim a uma outra luz, uma vez que Nanderuvuçu (*Nhanderu Guaxu* para os Mbya) carrega ainda hoje tal luz em seu peito, ao passo que o sol surge independentemente".

3 *Nhanderu Guaxu*, em *Nhanderu retã*, gerou Kuaray da luz resplandescente de seu peito. Gerou Nhandexy de sua própria coluna vertebral (*ipyxo kangue*). Kuaray, no mundo, gera Jaxy para ser seu companheiro.
Kuaray, como vimos na narrativa do capítulo anterior, veio para iluminar o mundo e terminar "por sua conta" as criações que Nhanderu fizera para o mundo.

4 Tupã se manifesta por meio dos relâmpagos e trovoadas.

Koxi atravessa yy eē (a grande água) para ir a Tupã retã. O corpo do koxi traz o calor e a luz de Nhanderu. Este calor é igual ao calor que os Mbya etei adquirem durante as rezas (taetaendy rapyta). Por isso, quando koxi é morto, o caçador deve esperar um tempo para seu corpo esfriar e ele não ser contagiado pelo calor do koxi. Sua carne não tem sal, por isso Nhanderu diz: – Xeray apyre kuéry (todos meus filhos caçulas) podem se alimentar dela.

Na terra imperfeita (yvy vai), já existiam os animais, as plantas, 'o milho verdadeiro', a mandioca, algumas sementes, havia muita coisa.]

No princípio do mundo (Yvy apy), onde Nhanderu mandou descer seus filhos, é onde vive Tupã, é também Tupã retã.

Nhanderu Guaxu e Nhandexy geraram três homens, que são Nhanderykey (nossos irmãos mais velhos): Xerykey (meu irmão mais velho), Xeryvy (meu irmão mais novo), Xeryvyi (meu irmão mais novo de todos). Eles vieram em Yvy apy enviados por Nhanderu.

Nhanderu Guaxu veio ao mundo de seus filhos, em Yvy apy, para estar com nossos três irmãos, 'do nosso sangue' (nhande mboapy joegua – sangue Mbya).[5]

Nhanderu Guaxu teve pena deles e gerou três mulheres para serem iguais a eles. Uma delas, gerou de sua própria 'costela' (coluna vertebral – Nhanderu pyxo kangue), para seguir os bons caminhos e ter bons pensamentos. Será a mulher do 'meu irmão mais velho', xerikey. As outras foram feitas da haste da folha da palmeira, (pindoi). Serão de xeryvy e xeryvyi. São 'comuns', entram e saem dos bons caminhos. Assim é até hoje.[6]

Naquele tempo, Nhanderykey viviam em yvy apy (origem do mundo). De lá, seus filhos partiram para 'fundar as aldeias'.

Nhanderykey ou Mbaekuaa (aqueles que sabem, que são iluminados) foram para Jakutinga.[7]

---

5 *Nhanderykey* vieram para povoar o mundo. E foram cada um para um lugar. Esses lugares são *yvy apy*.

6 Independentemente da região de onde provém sua alma-nome, mulheres eleitas são feitas da coluna vertebral de Nhanderu Guaxu.

7 Jakutinga: nome original da aldeia Cutinga. Entre as aldeias Mbya, Cutinga (situada na ilha da Cotinga, em Paranaguá-PR) e Boa Esperança (Aracruz-ES) podem ser *yvy apy* (origem do mundo). Estão localizadas à beira do mar, em locais de onde os "eleitos" alcançaram yvyju mirim.

Para chegar a Jakutinga, Mbaekuaa cortou bambu (takua) do qual fez o apyka[8] para atravessar o rio e chegar em parakupe, ilha onde o branco não chega.[9]

[No meio de Yy eẽ existem "ilhas" (parakupe) onde vive Nhanderu Mirĩ, Tupã Mirĩ, Nhanderykey Mirĩ e Nhandexy Mirĩ. Lá vivem e passam também os koxi e as pessoas que estão indo para Nhanderu retã. As ilhas podem ser yva paũ (lugar ou espaço entre os céus) se se localizarem em nhanderenondére.]

Foi de yvy apy que partiram os filhos de Mbaekuaa para fundar as demais aldeias.[10]

[Entre o começo do mundo (Yvy apy) e Nhanderu reta, está o mar (yy eẽ – água salgada, ou yy guaxu – a grande água), que pode ser atravessado com o apyka que me conduz ao yva paũ. Em yva paũ, as almas são distribuídas e voltam ao lugar de suas origens.]

Quando Nhanderu enviou Tupã já existiam as aldeias com seus nomes. Primeiro veio Nhanderykey (nossos irmãos mais velhos) em yvy apy. Depois veio Tupã".

O cosmo mbya e as regiões dos verdadeiros pais das almas

"O mundo é redondo. Tupã e todos Nheẽ ru ete vivem sobre a terra, movimentando-se em várias direções." (Davi, 1990)

O Zênite – *ara mbyte* (centro do céu) – fica sobre *yvy mbyte*, centro da terra. É onde vivem *Kuaray ru ete* e *Kuaray xy ete*.

---

8 Pequeno "assento" no qual aqueles que chegaram à plenitude são transportados para *yvyju mirĩ, yvy maraẽy* (a terra sem mal). "*Apyka apu'a*: o pequeno assento redondo em que aparece Ñande Ru em meio às trevas. Ao referir-se ao jeito de ser engendrado, concebido, um ser humano, dizem os Mbya: *oñembo-apyka* = se lhe dá assento, se lhe prové de assento; locução que dá a entender que o ser humano, ao ser engendrado, assume a forma que assumiu Ñande Ru" (Cadogan, 1959, p.17).

9 Parakupe: lugar alto (morro) no meio do mar, ilha; ou *yy paũ*, "espaço" nas águas (terra), lugar onde o branco não chega.

10 Os movimentos migratórios também se dão no sentido dos MbaeKuaa, isto é, em direção do oriente, onde nasce o sol.

O trajeto de Kuaray é o seguinte: no meio do dia está no centro (*ara mbyte*). No fim do dia, vai para *nhandekupére* (às nossas costas), o poente, e passa por trás do mundo para nascer em *nhanderenondére* (na nossa frente), no nascente. Seu percurso se dá, portanto, em linha reta, pela frente e por trás do mundo. Reveza com Jaxy, formando o dia e a noite.

Nhandekupére – poente – *yvy ypy* – a origem do mundo.[11]

É onde vive *Tupã, ru ete e Tupã xy ete*, onde foram enviados *Nhanderykey* cujos filhos partiram para *nhanderenondére*.[12] O trajeto de Tupã pode ser circular no sentido anti-horário. Pode também traçar um caminho reto que vai de *nhanderenondére* à *nhandekupere* (ou vice-versa), passando por *ara mbyte*. No primeiro trajeto, as chuvas caem na beirada do oceano. O segundo caminho significa chuva no meio do mundo (*yvy mbyte*).

Nhanderenondére – nascente – onde fica *yva paũ* – espaço entre o céu e a terra.

É onde viveram (e vivem) os descendentes de *Nhanderykey, ijagüyje vaekue* (aqueles que atingiram a plenitude) que atravessaram o oceano e chegaram em *Nhanderu retã*, em *Yvy Maraẽy*, a terra perfeita. O trajeto de *ijagüyje vaekue*, aqueles que alcançaram com vida o "paraíso", é semicircular, no sentido anti-horário, partindo de *nhandekupére* em direção ao sol nascente (*nhanderenondére*).

Kuaray ru ete e Kuaray xy ete são o pai e a mãe das almas que vivem no zênite, *ara mbyte*.

Tupã ru ete e Tupã xy ete são o pai e a mãe das almas que vivem no ocidente (poente), *nhandekupére*.

Nhanderu ete e Nhandexy ete são o pai e a mãe das almas que vieram em *yvy apy*, a origem do mundo, para alcançar *yva paũ* em *nhanderenondére*.

---

11 Yvy apy é referido aqui como o "fim do mundo", isto é, a outra ponta do mundo que fica, em linha reta, em oposição à nhanderenondére, que é o local do nascimento do sol, onde devemos nos voltar (ficar de frente). Nhandekupére, o poente, fica portanto às nossas costas, na outra ponta do mundo (yvy apy), segundo o trajeto de Kuaray.

12 Nhanderykei vieram no primeiro mundo com suas mulheres. Com o terremoto voltaram para Nhanderu retã. Os filhos de Nhanderykey, Mbaekuaa, vão andar pelo litoral. Veio o dilúvio. Depois do dilúvio, os Mbya etei, "os filhos caçulas", vão vir ao mundo para continuar o mesmo trajeto dos Mbaekuaa.

O caminhar sob a luz

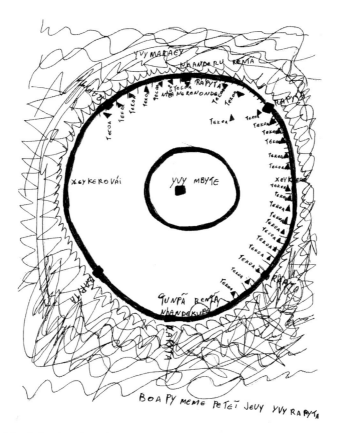

FIGURA 20 – Primeiro desenho de Davi.

No desenho de Davi (figura 20), nhanderenondére, que corresponde ao sol nascente, está na parte superior do papel.

Nhanderenondére quer dizer à nossa frente, para onde devemos nos voltar, ou voltar o nosso rosto. É nessa direção que se deve cantar, dançar e, também, serem construídas as casas, de tal modo voltadas ao oriente que permitam aos Mbya se posicionarem nessa direção durante as rezas.[13] Pois é nessa direção que Kuaray nasce, trazendo a luz ao dia.

---

13 Foi difícil, para mim, compreender a projeção no papel, bidimensional, da disposição do mundo mbya, por causa do costume de se representar os pontos cardeais, segundo a convenção, fixando à direita do papel o leste, o norte em cima, à esquerda o oeste, e o sul embaixo.

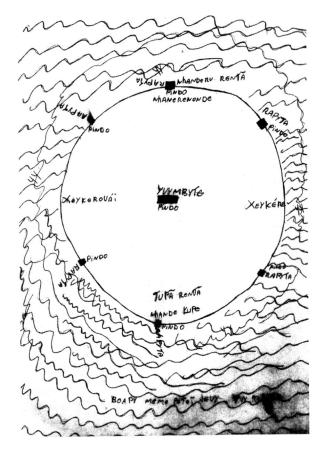

FIGURA 21 – Segundo desenho de Davi.

Nhandekére ou *xeykére* (nosso ou meu lado, respectivamente) corresponde ao lado da mão direita, e *nhandekupére* fica às "nossas costas". É entre essas três regiões que os tekos devem ser formados, e esta orientação se dá, como vemos no desenho, em consonância com os movimentos dos *Nheẽ ru ete*.

A ênfase que os Mbya dão às regiões – *nhanderenondére*, *ara mbyte* e *nhandekupére* –, que correspondem à pontuação do centro da terra no meio de uma linha reta entre o "leste" e o "oeste", é o próprio trajeto de Kuaray, o sol.

No segundo desenho (figura 21) aproveitamos a base feita por Davi para traçar a movimentação dos Nheẽ Ru Ete sobre o mundo Mbya.

Retomar algumas observações talvez possa esclarecer alguns pontos:

- *Yvy apy* corresponde às origens do mundo. São lugares criados no início do mundo, para os mbya formarem seus tekoa. Estão situados na extremidade do mundo Mbya, na beira do oceano. Mas não é um único lugar. Existem vários *yvy apy* que são descobertos pelos Mbya, e a confirmação, às vezes, ocorre quando descobrem pedras (ou ruínas) que podem coincidir com os suportes (*rapyta*) do mundo colocados por Nhanderu após o terremoto. Mas não se situam exclusivamente onde estão os "suportes". Este tema será abordado posteriormente, mas, pelo desenho de Davi (figura 20), pode-se observar claramente a analogia dos tekoa do litoral com *yvy apy*.
- Assim, não só em *nhandekupére* está *yvy apy* que também pode ser encontrado em todo o percurso em direção a *nhanderenondére*, pelo lado direito;
- O mundo é feito em planos superpostos. Na terra encontra-se *yvy apy* sobre a qual está o mar, *yy eẽ*. Entre *yy eẽ* e *yvy maraẽy*, e somente na direção de *nhanderenondére*, está *yvy paũ*, as ilhas para onde vão as almas para serem distribuídas. Aquelas que não conseguem chegar em *nhanderenondére* – em *Nhanderu retã*, onde se encontra *yvy maraẽy* – ficam em *nhandekére*. Algumas ilhas marítimas são identificadas como *yva paũ*;
- Quando *Kuaray ru ete* está em *nhanderenondére*, ele corresponde a Nhanderu ete. Portanto, a identificação de *Nhanderu ete* com *Kuaray* no "local" de seu próprio nascimento é o fator determinante e orientador do espaço e das rezas mbya.

Sintetizando, vemos que o mundo mbya, *yvy vai* (a terra imperfeita) é regido pelos pais das almas, que controlam as forças do mundo a partir de cinco regiões de ara ovy (o firmamento), que fica diretamente sobre yvy vai.

A cada região corresponde um *Nheẽ Ru Ete*. Assim, *nhandekupére* é comandada por *Tupã Ru Ete*; *nhandekerovái* por *Jakaira Ru Ete*; *nhandekére* por *Kuarai Ru Ete*; *ara mbyte* por *Kuaray Ru Ete*. Nhanderu "criou esses quatro seres". Como diz Cadogan, para enviar almas à terra, para as criaturas que irão nascer. Entretanto, é o próprio Nhanderu o responsável pelas almas de *nhanderenondére*, região do nascimento de Kuaray.

Kuaray vai comandar as almas em ara mbyte, ao meio-dia, quando seu brilho é mais forte. Na região de seu nascimento, é Nhamandu, como os Mbya se referem à Nhanderu Tenonde enquanto pai de Kuaray, quem vai comandar as almas.

É interessante lembrar a passagem do segundo mito (cap. 6 e nota 2), em que Nhanderu, na terra, traz uma luz em seu peito, que para os Mbya é o próprio Kuaray, fazendo que só exista a claridade. Nhanderu volta para seu lugar, no firmamento, "levando a luz resplandecente de seu peito que fazia a claridade". A partir daí, o mundo passa a ser só escuridão. Nhanderu manda seu filho Kuaray ao mundo, desprendendo a luz de seu peito para que ele nasça no próprio mundo.

Kuaray vai traçar seu percurso e criar seu irmão Jaxy. Terminará a obra de Nhanderu organizando, em ciclos, o dia e a noite.

FIGURA 22 – Aldeia Boa Vista, 1985, SP.

A proveniência das almas

Nheẽ ru ete = verdadeiro pai das almas.
Nheẽ xy ete = verdadeira mãe das almas.

A "incorporação" de um nome-alma em um indivíduo tem sido abordada pelos estudiosos em uma esfera essencialmente religiosa, em que a tônica tem sido o sentido místico e mítico da revelação e o ritual que a envolve. O compromisso do portador em cumprir seu próprio destino e a sua responsabilidade perante o seu tekoa não haviam sido objetos de estudos.

Embora o caráter coletivo da organização social guarani tenha sido tratado por vários autores, não se verificaram, até o momento, as possíveis interferências dos nomes-almas nesse sistema. Com relação à questão das migrações e da mobilidade, as influências dos nomes-almas que constituem o grupo familiar são fundamentais.

Embora sejam necessárias investigações mais profundas nesse campo, as referências feitas pelos Mbya vêm confirmar algumas suspeitas, clareando algumas dúvidas com que deparava e cujas explicações não me eram convincentes. Entre elas, o fato de alguns casamentos que pareciam perfeitos não vingarem, a partida repentina de uma família para outro lugar, a impossibilidade do desmembramento de alguns grupos familiares etc.

Entre algumas hipóteses elucidadoras há o fato de serem mulheres as líderes da maioria dos movimentos migratórios, que, recebendo a orientação divina, conduzem o grupo familiar até o local adequado para se estabelecerem. Quase todas as aldeias do litoral foram fundadas tendo à frente uma mulher. Essa mulher "gerada da coluna vertebral de Nhanderu Guaxu" para seguir os bons caminhos e pensamentos, deve ter sua alma-nome proveniente de *nhanderenondére*, de *yva paũ*, pois é nessa região, onde nasce o sol, que vivem aqueles que conseguiram, em vida, alcançar a terra sem mal, *Yvy Maraẽy*.

Para os Mbya que vivem junto à Serra do Mar, cujos movimentos se dão em razão desse objetivo (de alcançar a terra sem mal), é fundamental que faça parte de seu grupo familiar uma mulher (*Kunhã Karai*) portadora de um nome-alma dessa região (Takua, Jaxuka, Yva, entre outras).

Cadogan dedicou-se à questão de atribuição dos nomes entre os Mbya do Guairá, Paraguai, por meio dos discursos míticos realizados nas cerimônias e dos ensinamentos de seus informantes. Embora não faça uma analogia entre a pessoa portadora da alma e o seu papel perante a comunidade, dedica grande ênfase ao papel dos *"Ñe'é Ru Eté = verdaderos Padres de la Palabra-alma"*.

Observam-se nas suas informações, obtidas com os Mbya do Paraguai na década de 1950, algumas diferenças de interpretação das colhidas entre os Mbya do litoral do Brasil. Entretanto, essas variações não são contraditórias. Acredito que são mais de ordem interpretativa dos informantes e dos dirigentes espirituais ou adequações aos contextos.

> Ñande-Ru creó cuatro grandes seres: Karaí, dueño del ruido del crepitar de llamas, dios del fuego, con su esposa, Kerechu; Jakairá, dueño de la humareda vivificante, dios de la primavera, con su esposa Ysapy; Ñamandú, diós del sol, y su esposa Jachuká; Tupã Ru Eté, diós de las lluvias, el trueno y el rayo y su esposa Pará. A estos cuatro dioses y sus esposas se les aplica el nombre de "i purã'ã ey va é" – los que carecen de ombligo, subrayándose con esta designación el que fueron creados y no engendrados.
>
> Karaí, Jakairá, Ñamandú y Tupã son los encargados de enviar almas a la tierra para que se encarnen en los cuerpos de las criaturas por nacer. Ellos envían los espíritus masculinos, y sus consortes, los femeninos; por esto se les conoce también con el nombre de Ñe'é Ru Eté, verdadero padre de la palavra-alma; y Ñe'é Chy Eté, verdadera madre de la palabra-alma, respectivamente. De acuerdo com la región del paraíso de donde es oriunda da palabra-alma que se encarna, cuyo origen es determinado en solemne ceremonia por el "mburuvichá" – dirigente de la tribu –, recibe el hombre el patronímico sagrado que há de acompañarlo hasta la tumba como parte integrante de su ser. (Cadogan, 1948, p.133-4)

Segundo os Mbya do litoral, somente em casos raros é possível mudar de nome: nos casos de "doenças" graves crônicas, acidentes ou impecilhos sucessivos que se opõem à pessoa. A própria pessoa, ou seus familiares, sentem quando seu nome-alma não está de acordo. Nesses casos, e só muito raramente, o mesmo *yvyraija* que revelou o nome à pessoa poderá alterá-lo por meio de outra revelação. Essa alteração pode ainda ser feita pelo próprio portador da alma quando ele se torna também um *yvyraija*, ou por outro *yvyraija* quando o primeiro já morreu.

> Oñemboapyka pota jeayú porãngue i rembi rerovy'a rã i.
> Se está por dar asiento a un ser para alegria de los bien amados. (Cadogan, 1952, p.236)

> Bien, irás, tu hijito de Ñamandú,
> considera com fortaleza la morada terrenal;
> aunque todas las cosas, en su gran diversidad,
> horrorosas se irguieren (contra tí),
> debes afrontarlas com valor. (Cadogan, 1952, p.236)

As preces e discursos transcritos e traduzidos por Cadogan estão publicados parcialmente ou reunidos no célebre *Ayvu rapyta*, publicado pela *Revista de Antropologia* (Universidade de São Paulo, 1959). O capítulo IV desta obra é totalmente dedicado à proveniência das almas. Realça-se a tradução da mensagem recebida por Tomás, em que os pais das almas, no caso, Ñamandu Ru Ete (ou Kuaray Ru Ete), Jakaira Ru Ete e Karai Ru Ete delegam a Tupã Ru Ete o envio de uma alma (p.42).

A explicação que obtive de meu informante é a seguinte: quando nasce uma criança, Nhanderu Ete pergunta para Tupã Ru Ete, que consulta Kuaray Ru Ete (e as mães das almas respectivamente), sobre a região de onde será proveniente a alma que deve guiar essa criança.

Cada nome é uma alma proveniente de uma região.

Outras informações sugerem que as influências na alma-nome não se restringem às características de quem a enviou. Quando uma criança é concebida, este acontecimento ocorre por ordem ou autorização de um dos Nheẽ Ru Ete. Este, seja Tupã, Kuaray ou outro, será responsável por ela. Depois do nascimento, todos os Nheẽ Ru Ete decidirão quem enviará uma alma-nome à criança.

Não existe uma época rígida para o envio da alma à criança, o que pode acontecer no próprio nascimento, quando esta começa a caminhar ou, para infelicidade, bem mais tarde.

No momento do nascimento, em alguns casos, os pais já sabem a origem da alma e o nome de seu filho, podendo até lhes ser revelado o canto (*poráei*) da criança.

Há casos em que a pessoa não pode pronunciar ou tornar público seu nome, usando, mesmo dentro de sua família, o nome cristão ou um apelido guarani. Às vezes, a pessoa morre sem revelar seu nome. A revelação dos nomes-almas dessas pessoas, tão vulneráveis, poria em risco a própria vida de seus portadores.

A alma (*nheẽ*) fica retida nos ombros da pessoa. Segundo Davi, o Mbya só tem uma alma, que é a verdadeira. Mas essa alma é acompanhada por uma segunda alma – *ã*, que corresponde ao lado fraco da pessoa. Assim, *xe nheẽ* é a minha primeira alma e *xe ã*, a minha segunda alma.[14]

Xe ã fica nas minhas costas. Ela não nasce com a pessoa. Ela aparece quando a criança, já crescida, pode discernir o certo do errado e ceder às tentações, tendo consciência de suas fraquezas. Ela não tem um lugar de origem, e quando seu portador morre ela fica na terra, durante um período de tempo, que varia entre alguns meses até desaparecer. Nesse período, conforme suas características, ela pode pertubar os moradores do tekoa, causando doenças e enfraquecimento físico e espiritual.

As almas podem vir de *arai ovy*, a parte mais alta dos céus, ou de *arai xiĩ*, a parte mais baixa.

Arai ovy é o lugar, *amba*, dos pais das almas (Nhanderu, Kuaray, Tupã, Jakaira, Karai).

Arai xiĩ é *Jaxy amba*, lugar onde vive a lua. Jaxy, quando brincava com seu arco em companhia de Kuaray, ao contrário deste, nunca acertou arai ovy, por isso permanece em arai *xiĩ*. Jaxy sempre "errou", isto é, ao contrário de Kuaray, sempre fez coisas erradas até ser comido por Anhã.

Em arai *xiĩ* também existem almas que são enviadas às pessoas cujos pais erraram, não cumprindo os resguardos, ou cometendo incesto. Essas almas possuem qualidades depreciativas que vão desde a

---

14 *ã* é traduzido por "sombra" ou estar de pé, levantado (Dooley, 1982).

fraqueza – *nheẽ mbaraeteey*; a maldade, a feiura – *nheẽ vai, nheẽ vaekue*; a braveza, o mau humor, a raiva – *nheẽ poxy*.

Para as pessoas que possuem essas almas, Nhanderu empresta, de Kuaray, Tupã, Karai e Jakaira Ru Ete, nomes para essas pessoas.

Essas almas nunca vão, entretanto, alcançar arai ovy onde na direção de *nhanderenondére* se encontra *Yvy Maraẽy*. Elas vão ficar no meio do caminho, em *nhandekére*.

Nunca, ainda segundo Davi, uma alma de animal pode se incorporar no Mbya. As "almas fracas" é que, por hipótese, podem se encarnar nos animais.

Os ossos da pessoa que morre não são desenterrados. Nhanderu escolhe alguns ossos que são levados diretamente da terra, para gerar outro ser. Mas esse ser será uma outra pessoa com uma outra alma, e não teria nenhum vínculo com aquele de cujos ossos foi gerado.

Com essa explicação, parece que não há, entre os Mbya, possibilidade de reencarnação. Talvez a rigidez dessa afirmação de Davi, que coincide com as de outros dirigentes espirituais do litoral, sirva como parâmetro para, em vista da situação em que se encontram hoje, aperfeiçoarem sua conduta na terra, uma vez que a oportunidade de alcançar *Yvy Maraẽy* torna-se única.

Entretanto, já ouvi de diversos Mbya, a respeito dos poderes dos *yvyraija*, que estes, além do desempenho impecável, dos esforços para desenvolvimento de suas potencialidades, poderiam ter herdado de seu pai, mãe ou parente próximo esse potencial que não fora, em vida, desenvolvido por esses outros (outras almas). Também ouvi que a alma de criancinhas que morrem sem ter desenvolvido seu potencial podem voltar à terra quando nasce outra criança.

A alma e a vida e a morte

> Segundo a doutrina guarani, a natureza da alma humana é, por si só, suficiente para tornar o indivíduo apto não apenas para a vivência religiosa, mas também para levá-lo ao destino que lhe cabe. A noção da alma humana, tal qual a conceba o guarani – isto é, a sua primitiva Psicologia –, constitui, sem dúvida alguma, a chave indispensável à compreensão de todo o sistema religioso. (Schaden, 1974, p.107)

Acrescentaríamos à observação de Schaden o fato de que, de acordo com sua origem, o poder de interferência da alma nos desígnios Mbya não se encontra no plano individual, e sim no coletivo. A composição de um tekoa, a organização social e das atividades cotidianas e rituais são determinadas pelas almas-nomes de "todas" as pessoas da comunidade.

Para os Mbya, o projeto de alcançar *Yvy Maraẽy* com o corpo e a alma dispensaria a morte. Essa capacidade está relacionada, em grande parte, com a natureza ou origem da alma, que se incorpora nas crianças que nascem. O nascimento de uma criança, e a grande expectativa com relação à origem de sua alma, tem seu fundamento no fato de que ela pode contribuir para a realização do ideal coletivo, isto é, do seu tekoa.

> A alma e a morte, ou a teoria da pessoa que a elas subjaz, parecem de fato se constituir em ponto de apoio privilegiado para a abordagem das sociedades T. G., na medida em que ali se interceptam os diferentes domínios cosmológicos, e que ali se acha encapsulado o jogo do Mesmo e do Outro fundador da filosofia social T. G. (Viveiros de Castro, 1986, p.117-8)

A morte, para os Mbya, tem seu sentido social na medida em que é o termômetro que indica o grau de sanidade do tekoa, em que pode ser fator indicativo de novos caminhos, agindo como alerta, reafirmando as normas corretas da conduta social. Portanto, a morte, para os Mbya, é interpretada tendo em vista critérios diferenciados, de acordo com a forma, situação e os motivos de sua ocorrência. Desse modo, as mortes também trazem indicações distintas se foram súbitas, trágicas, de crianças pequenas, realizadas por feitiços, por doenças etc.

Entretanto, apesar da frequência da ocorrência da morte e da raridade do "alcançar com vida" a "terra sem mal" não há inversão dos valores nem da função social de cada fenômeno. A raridade é o modelo, ao contrário do corriqueiro.

Ainda assim, a morte é a contradição necessária do destino, o desafio que alimenta sua busca. Mas o culto não é feito aos mortos e sim àqueles que o *apyka* conduziu em vida à *Yvy Maraẽy*.

O nome-alma: região de origem e sua função no mundo

Nomes de *nhanderu* ete e *nhandexy* ete

Região: *Nhanderu retã, yva paũ, nhanderenondére* (nascente)

Almas femininas	Almas masculinas
Takua	Avarãtã
Yva	
Jaxuka	
Jaxuka Mirĩ	
Nhanju	
Kunhã Karai	

FIGURA 23 – Aldeia Boa Vista, SP, 1985.

Aqui existem mais almas femininas. Elas vêm para ajudar, "tirar do perigo" a família, conduzindo-a para algum lugar verdadeiro. Em cada família é preciso ter alguma mulher, uma alma feminina, com uma dessas almas. Quando Nhanderu Ete "tem dó" de alguma família, envia uma de suas almas para ser sua guia.

As almas masculinas, em sua maioria, quando chegam em *yva paũ*, em *nhanderenondére*, retornam para sua região, no zênite (*ara mbyte*) em *Kuaray retã*, ou no poente, em *Tupã retã*.

As almas femininas de *Nhanderu retã* possuem a qualidade de reunir harmoniosamente a comunidade. São essas mulheres que devem cozinhar durante os mutirões para os trabalhos nas roças ou para a construção de casas. Elas não devem se ausentar muito tempo do tekoa, para que possam cuidar dele. Têm boa voz para o canto e se destacam ao dirigir as rezas coletivas. Têm condições de organizar o grupo, de liderar e ensinar.

São essas almas que podem orientar o caminho para que o grupo possa encontrar *Yvy Maraẽy*.

Dentre essas almas há aquelas que possuem maior força física, podendo exercer trabalhos masculinos, tais como preparar o terreno para o plantio (derrubar, revirar a terra), ajudar na construção de casas etc. São elas: Jaxuka, Takua, Yva.

Entre as que têm o físico mais fraco está Nhanju.

No trabalho artesanal, todas podem lidar com o barro, conseguindo um bom resultado na confecção dos cachimbos, potes, panelas.

Avarãtã, alma masculina da mesma região, também possui uma reza forte, é bom conselheiro e curador. Destaca-se na organização e comando dos trabalhos nas roças.

Nomes de *kuaray ru ete (nhamandu)* e *kuaray xy ete*

Região: *Kuaray amba, ara mbyte* (zênite)

Almas femininas	Almas masculinas
Poty	Poty
Para	Kuaray
Para Poty	Mirĩ

Almas femininas (cont.)	Almas masculinas
Para Mirĩ	Kuarayju
Para Guaxu	Kuaray Mirĩ
Jerojea	Nhamandu
Jerai	Tataendy
Papaju	Xapya
Mirĩ	Xunuĩ
	Rataendy
	Guyrapepo
	Avaju Mirĩ

As almas femininas de Kuaray Ru Ete são enviadas para acompanhar os pais e os irmãos. São boas para as rezas mas não exercem muitos trabalhos que exijam força física. Entre as que portam um físico mais forte estão: Para, Poty, Para Guaxu, Para Poty. Estas dedicam-se, além do artesanato e da cozinha, às atividades de roça. Entre as mais fracas fisicamente estão: Para Miri, Papaju, Jerojea, Jerai, Mirĩ, que se dedicam principalmente ao artesanato e à cozinha.

As almas masculinas de Kuaray Ru Ete são próprias para indicar o caminho ao seu grupo. Entre as almas fortes encontra-se: Poty, Kuaray, Kuaray Mirĩ, Nhamandu, Tataendy. As "almas fracas", inclusive nas rezas, são: Xapia, Xunuĩ, Guyrapepo, Avaju Mirĩ, Mirĩ, Kuarayju.

As pessoas, homens e mulheres, cujas almas são de *ara mbyte* são bons artesãos, destacam-se na confecção de peças de madeira e de taquara. Lidam com o barro só para fazer cachimbo.

Nomes de tupã ru ete e tupã xy ete

Região: *Tupã amba, yvy apy, nhandekupére* (poente)

As almas de Tupã manifestam maior força física e, devido a sua função de "guarda-costas do mundo", movimentam-se constantemente. Como a mulher foi feita para "ficar no lugar" e guardar o seu próprio corpo, as almas femininas desta região são retidas junto a Kuaray Ru Ete, no zênite, não perfazendo o trajeto até o ocaso.

Almas femininas	Almas masculinas
(junto à Kuaray Ru Ete)	
Tataxĩ	Tupã
Ara	Tupã Mirĩ
Arai	Vera
Ara Poty (Tupã e Kuaray)	Vera Mirĩ
Krexu	Ava Ropeju
Rete	Popygua
Krexu Mirĩ	Vera Popygua
Rya Poa	Mbiguái

As almas femininas de Tupã são boas para "dar ensinamentos". Portam vozes especiais para o canto e são todas fortes para puxar as rezas.

As que apresentam mais força física são: Tataxĩ, Ara, Arai, Ara Poty. Entre as de porte físico mais fraco, estão Krexu, Rete, Krexu Mirĩ.

As almas femininas de Tupã não são boas para plantar, nem conseguem trabalhar com o barro.

Todas as almas masculinas de Tupã "têm reza forte".

Destacam-se na lavoura, na construção de casas. Não devem lidar com barro, pois este, quando manuseado pelas almas de Tupã, quebra facilmente.

Entre as almas masculinas de Tupã que retêm mais força estão: Tupã, Tupã Mirĩ, Vera, Vera Mirĩ, Popygua, Vera Popygua.

Entre as "mais fracas" estão Jekupe e Ava Ropeju.

Os homens de Tupã e de Kuaray podem ser Xondaro, isto é, os guardiões da aldeia.

Para isso, eles usam o *popygua*, varinha feita de madeira de guatambu.[15] São as pessoas que retêm maior força física, de Tupã retã e Kuaray retã, juntamente com algumas almas de Karai Ru Ete e Jakaira Ru Ete, que exercem ação "policial" repressiva, na aldeia, acusando e aplicando os castigos.[16]

---

15 A varinha do dirigente espiritual do grupo (*yvyraija*) é pequena (*yvyraija* = dono da pequena vara, da vara insígnia), ao contrário dos Xondaro, cuja varinha é maior.

16 Os castigos mais frequentes são o corte dos cabelos bem rente nas mulheres e amarrar em uma árvore o transgressor.

Nomes de *Karai ru ete*

Região: *Karai retã, nhandekére*

As almas provenientes da Karai retã devem seguir em direção à nhanderenondére (no sentido anti-horário) ou ir para yvy mbyte (Kuaray retã) e de lá seguir até nhanderenondére.

> Almas masculinas
> Karai Mirĩ
> Karai Poty
> Karai Ju
> Karai Jekupe (Karai e Tupã)
> Karai Jeguaka (Karai e Jakaina)
> Karai Rataendy
> Karai Tataendy
> Karai Ruvixa

As almas de Karai Ru Ete são fortes para dirigir as rezas, para dar bons conselhos, para orientar o caminho. "A alma de Karai é enviada para dar conselhos a todos".

Entre as mais fortes estão: Karai Rataendy, cujo corpo possui maior calor; Karai Ruvixa, enviado para comandar os trabalhos coletivos – lavoura, construção da *opy* (casa de rezas) e as rezas; Karai Tataendy é aquele que melhor distribui as coisas.

Assim como as almas femininas de Tupã e Nhanderu, são enviadas para guardar o lugar (o tekoa); assim os homens de Karai não devem se ausentar muito tempo, também devem "guardar", zelar pela aldeia.

Nomes de *Jakaira ru ete*

Região: *Jakaira retã, nhandeherovái.*

As almas provenientes de *Jakaira retã* devem seguir em direção à nhanderenondére no sentido circular (horário) ou ir até *yvy mbyte* e, em linha reta, dirigir-se à *nhanderenondére*. Este é o caminho de *Jakaira Ru Ete*. Os trajetos percorridos pelos "filhos" de Jakaira e Karai, passando pelo "centro da terra", são somente percorridos pelas almas. Em vida, o percurso deve ser feito circularmente, pela beirada do oceano.

Almas masculinas

Jeguaka

Jeguaka Mirĩ

As almas de Jakaira Ru Ete destacam-se nas rezas e enquanto xondaro. Não obtêm, em geral, bom desempenho na lavoura.

FIGURA 24 – Rosa, Aldeia da Barragem, 1984.

FIGURA 25 – Aldeia da Barragem, SP, 1987.

O caminhar sob a luz

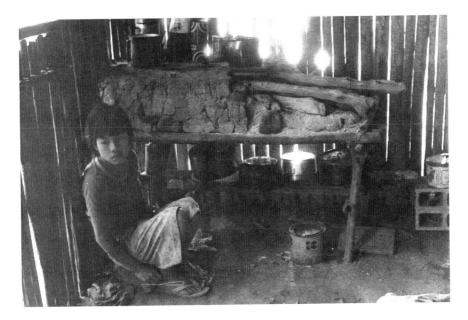

FIGURA 26 – Aldeia Boa Vista, SP, 1985.

FIGURA 27 – Aldeia Boa Vista, SP, 1985.

Observações

1. Os nomes compostos provenientes de mais de uma região não indicam que a pessoa tenha mais de uma alma. Assim, por exemplo, Karai Jekupe tem uma só alma enviada por Karai e Tupã. Do mesmo modo, Ara Poty é uma alma enviada por Tupã e Kuaray.

2. É provável que exista analogia entre o horário do nascimento da criança e a região da origem de sua alma. Entretanto, existem outros fatores relacionados à situação familiar, ou à aldeia, que também são determinantes e que orientam a manifestação dos Nhee Ru Ete sobre o envio da alma.

3. O êxito de um casamento depende também das almas dos cônjuges. A escolha de parceiros deve ser feita segundo a origem da alma. Há uniões temporárias nas quais os parceiros já preveem sua curta duração, por incompatibilidades.

Entre os casamentos apropriados, foram apresentadas as seguintes possibilidades:

Almas masculinas de Karai Ru Ete com:

Yva (*Nhanderu Ete* e *Nhandexy Ete*)
Takua (*Nhanderu Ete* e *Nhandexy Ete*)
Para (*Kuaray Ru Ete* e *Karay Xy Ete*)
Parai (*Kuaray Ru Ete* e *Karay Xy Ete*)
Parai Mirĩ (*Kuaray Ru Ete* e *Karay Xy Ete*)

Almas masculinas de Tupã com:

Jaxuka (*Nhanderu Ete* e *Nhandexy Ete*)
Ara (*Tupã Ru Ete* e *Tupã Xy Ete*, retida junto à *Kuaray Ru Ete*)
Rete (*Tupã Ru Ete* e *Tupã Xy Ete*, retida junto à *Kuaray Ru Ete*)
Tataxĩ (*Tupã Ru Ete* e *Tupã Xy Ete*, retida junto à *Kuaray Ru Ete*)

Almas masculinas de Kuaray com:

Yva (*Nhanderu Ete* e *Nhande Xy Ete*)
Jerojea (especialmente com *Kuaray Mirĩ*) (*Kuaray Ru Ete* e *Kuaray Xy Ete*)

Jerai (especialmente com *Kuarayju*) (*Kuaray Ru Ete* e *Kuaray Xy Ete*)
Krexu (*Tupã Ru Ete* e *Tupã Xy Ete*, retida junto à *Kuaray Ru Ete*)
Para (*Kuaray Ru Ete* e *Kuaray Xy Ete*)
Para Mirĩ (*Kuaray Ru Ete* e *Kuaray Xy Ete*)
Ara Poty (*Tupã Ru / Xy Ete* e *Kuaray Ru / Xy Ete*)

Almas de Jakaira (Jeguaka):

Takua Mirĩ (*Nhanderu Ete* e *Nhandexy Ete*)
Poty (*kuaray Ru Ete* e *Kuaray Xy Ete*)
Rete (*Tupã Ru Ete* e *Tupã Xy Ete*, retida junto à *Kuaray Ru Ete*)

Para as Kunhã Karai (*Nhanderu / Xy Ete*), são adequadas as almas masculinas de *Tupã Ru / Xy Ete*.

4. É possível constatar que as qualidades dos indivíduos não são exclusivas de uma única região de *ara ovy*. Todos *Nheẽ Ru Ete* podem enviar almas capazes de receber revelações acerca do caminho a seguir, embora, como foi mencionado, existam aquelas mais predispostas. Na esfera doméstica, todos, sem exceção, podem lidar com o fogo. Conclui-se daí que, para se suprir necessidades vitais, certas condições são distribuídas, de tal forma que os tekoa possam se organizar sem grandes deficiências, ou perceber quais as almas que devem ser reveladas para que o tekoa prospere.

Cadogan refere-se ao fato de que "Pueden encarnar-se en una misma família espiritus provenientes de diferentes paraisos; y en una família excepcionalmente numerosa puede haber almas provenientes de todos los cuatro paraisos". Em seguida, cita os nomes, de origens diferentes, que compõem uma mesma família (Cadogan, 1959, p.47).

A partir dos dados etnográficos, é possível mostrar como os Mbya articulam o sistema de atribuição dos nomes em função das necessidades sociais e políticas de cada tekoa. Para prosperidade dos tekoa, para reconhecê-lo como *yvy apy*, para se atingir *Yvy Maraẽy* é preciso, como já foi dito, um empenho coletivo, empenho este que está de forma bastante nítida relacionada com a origem das almas dos integrantes de cada família, e do tekoa como um todo. Assim, para que seja possível preencher todas as condições, é necessário que as cinco regiões celestes e os respectivos pais das almas estejam representados, em cada aldeia, por meio dos nomes-almas que enviam.

5. A "força física" das almas de Tupã implica o uso das armas e forças destruidoras de Tupã (trovão, relâmpagos etc.), que estão sempre em movimento, ou sugerem movimentos, e são a expressão explícita da função dos guardiões. Como vimos, o "trajeto" de Tupã acontece em todas as direções do cosmo mbya para que possa controlar a sociedade, pois Tupã foi enviado para ser "guarda-costas do mundo". Desse modo, a frequente mobilidade masculina, pelos diversos tekoa, é visível principalmente entre os homens de Tupã, e está impregnada de sentido "político" por trazer conhecimento e possibilitar o controle da situação social dos tekoa mbya. Observa-se claramente que são os homens, especialmente os solteiros à procura de cônjuges, que se deslocam entre as aldeias mais intensamente, efetivando a troca de informações e, portanto, a comunicação.

A expressão "ficar no lugar", com referência à mulher, significa, segundo as palavras de Davi, que ela "não deve circular como Tupã, para errar menos e, assim, preservar mais o seu corpo. Deve seguir um caminho reto como aquele orientado por Kuaray (no mito "Kuaray veio neste mundo"), em direção à *nhanderenondére*, lugar do nascimento de Kuaray.

Na movimentação pelo espaço guarani mbya fica explícito que a mobilidade entre aldeias para manutenção das relações sociais, econômicas e políticas é de caráter masculino, acentuadamente entre as almas de Tupã. Já os movimentos migratórios contam necessariamente com a adesão de almas femininas.

A função de Tupã de "guarda-costas do mundo" implica uma atitude permanente de controle da situação do território guarani. Já a "escolha do lugar" para organização do tekoa, princípio dos movimentos migratórios, é movida por um sentido de definição e fixação peculiar às mulheres, na medida em que pressupõe a produtividade, produtividade esta que advém principalmente das roças de milho e do nascimento das crianças.

Os desvios, os erros, a instabilidade masculina são tolerados, principalmente na juventude, ao passo que "os erros" e a instabilidade feminina são passíveis de punição conforme seu grau. Uma mulher que está sozinha, por ter abandonado o marido ou por ser a causa de separação, é mais discriminada do que o homem, e a sua recuperação no meio social exige maiores sacrifícios. Desse modo, no que diz respeito às transgressões das normas e tabus, observa-se um maior rigor com relação às mulheres.

A severidade para com a mulher se justifica mediante as próprias narrativas míticas em que o comportamento feminino é posto em cheque. No mito "Kuaray veio neste mundo", a mulher eleita para carregá-lo em seu ventre é submetida a provas determinantes. Orientada por Kuaray, ela deve sempre seguir um "caminho reto", sem desviar-se, atenta aos sinais deixados por seu esposo. Kuaray deixa de conversar com sua mãe quando ela, devido à ferroada do marimbondo em sua mão, bate na própria barriga. A partir de então, perde-se e é comida pelas onças. Tempos mais tarde, apesar do esforço de Kuaray em reconstituí-la por meio de seus ossos, isso não se torna possível, pois seu irmão menor, Jaxy, querendo mamar, sempre a desfaz. Não permitia que sua alma (*nheẽ*) entrasse em seu corpo enfraquecido, que não conseguia se recompor, ficar reto (suas costas, sua coluna não ficava reta).

O corpo feminino, cuja faculdade reprodutora confere à mulher a sua fundamental responsabilidade social, exige dela plena consciência de sua função e de seu corpo, além dos cuidados especiais durante a gestação.

Entre os Mbya do litoral, nota-se que são os homens solteiros que mais se deslocam entre as aldeias, como já foi dito, como informantes e em busca de casamento. Entre as mulheres, são as mais idosas, que já passaram da idade de procriar, que circulam mais livremente entre as aldeias, para visitar os parentes, e nas cidades e estradas, acompanhadas dos netos, para vender artesanato.

Parece que todas as funções e atividades cotidianas que dizem respeito ao mundo mbya são regidas por um pensamento no qual se distinguem duas características: a da direção, que cabe aos homens, e a da orientaçao, feminina. Se as almas masculinas circulam no centro (*ara mbyte*) e no ocidente (*yvy apy*), as almas femininas se orientam à *yva paũ*, onde nasce o sol.

O fato de serem os homens, em geral, os dirigentes das cerimônias religiosas não implica que as mulheres não sejam também portadoras do dom das premonições e suscetíveis às revelações. A equivalência, em termos de "graus de importância", dos papéis femininos e masculinos não é posta em dúvida no pensamento mbya. A maior exposição do homem na sua função de dirigente espiritual, que exige uma performance física mais exuberante, não é mais valorizada, enquanto gênero, do que o perfil orientador (as sugestões e orientação da mulher ao próprio dirigente são sempre determinantes) e a preservação do físico feminino.

A sociedade guarani, apesar da aparente supremacia masculina, pois são os homens que se relacionam mais abertamente com a sociedade envolvente, é sustentada pela complementariedade efetiva de papéis e valores masculinos e femininos.

Por mais que eu tentasse, durante as transcrições das narrativas míticas ou por meio de conversas informais, obter dos Mbya, homens ou mulheres, julgamentos sobre a importância de seus respectivos papéis e atividades desenvolvidas no âmbito da comunidade, nada consegui obter como resposta, além de risos por tão estranha conversa.

Tentei ainda substituir a importância das mulheres que portam almas que orientam à *Yvy Maraẽy*, mas este não é potencial exclusivamente feminino. Como também as premonições, o poder de cura, a obtenção dos cantos são de alcance feminino e masculino.

As diferenças formais, observadas no comportamento, nas práticas rituais e em diversas esferas do cotidiano, são estruturais e são respeitadas, mas não estão impregnadas de conceitos valorativos.[17]

Não era intenção deste trabalho fazer qualquer recorte sobre a questão de gênero. Entretanto, pelo fato de que a maioria dos tekoa hoje existentes no litoral foram fundados tendo à frente uma mulher, não pude deixar de pensar no assunto.

---

17 Não teríamos condição, nem é nosso objetivo neste trabalho, discorrer sobre a questão do homossexualismo. Talvez caiba aqui apontar que o homossexualismo entre os Mbya se traduz tão somente na preferência sexual de parceiros do mesmo sexo. É prática comum, principalmente na infância e na adolescência, e não discriminada. Aqueles que depois de adultos preferem manter relações com parceiros do mesmo sexo, e que não querem se casar, não precisam necessariamente cumprir as funções do sexo oposto. Como não faz sentido o casamento homossexual, eles permanecem, quase sempre, na casa da mãe. Somente tive conhecimento de um caso de homossexualismo masculino em adulto.

Conclusão talvez simplista, e que ainda pondera o fator determinante da presença de uma alma feminina proveniente de *nhanderenondére* para a definição do lugar de permanência do grupo, é a de que estas mulheres, *kunhã Karai*, que ficaram viúvas durante a caminhada (*oguata*), tiveram que arcar sozinhas com uma responsabilidade anteriormente dividida. É o caso, por exemplo, do Nhanderu Miguel, que, sendo reconhecidamente um forte líder espiritual, morreu deixando à sua mulher d. Maria (hoje na aldeia Boa Esperança-ES), considerada "encantada" por muitos, a sorte de todo o grupo.

Os diferentes papéis masculinos e femininos, como vimos, são regulados pelos próprios *Nheẽ Ru Ete* e *Nheẽ Xy Ete* (pais e mães das almas, respectivamente),[18] que retêm as almas em sua região, conforme o sexo. As características pessoais como traços de personalidade, certas habilidades e a função social do indivíduo são condicionados pelos pais e mães das almas de cada região de onde é proveniente a alma-nome, e são peculiares e compatíveis, de acordo com a região, tanto às almas femininas como às masculinas.

O batismo do milho e da erva-mate (ka'a) e a revelação dos nomes

A cerimônia do batismo do milho (*avaxi nimongarai*) é realizada na época da colheita do milho tradicional (*avaxi etei* = milho verdadeiro), quando ele já está maduro o suficiente para se guardarem os grãos como semente.

A colheita é feita aproximadamente depois de quatro meses do plantio, que é realizado, de preferência, na primeira lua minguante de agosto. O prazo do plantio deve ser rigorosamente observado para que a colheita coincida com o período das grandes chuvas de verão, dos temporais. É essa a época propícia também para a revelação dos nomes das crianças, pois é quando Tupã se manifesta mais prontamente com relação ao envio das almas.

---

18 Observe-se que cada alma tem um "pai" e uma "mãe".

O batismo do milho é feito no "ano novo" (*ara pyau*). Na "festa do milho", as mulheres preparam pamonha (*mbyta*), beiju (*beju*), chicha (*kagüjy*), e os homens trazem mel (*ei*). Com essa cerimônia, espera-se obter maior produtividade nas roças futuras.

É tradição mbya batizar, na mesma ou em outra ocasião, as folhas da erva-mate (*ka'a*) colhidas também em *ara pyau*. As folhas do *ka'a* revelam notícias de parentes distantes sobre mortes, nascimentos, casamentos, doenças etc.

O batismo é realizado dentro da casa de rezas (*opy, ooguaxu, opyi*). Esta casa deve ser muito bem barreada, de modo que não entre nenhuma luz (não deveriam usar panos para tapar os buracos, só o barro). É coberta de sapé ou guaricanga. Não deve ter nenhuma janela, somente uma porta no fundo, em um dos lados, nunca no meio. O fundo deve ser arredondado e voltado ao poente. A frente deve estar voltada para o nascente. É nesta extremidade que os dirigentes da reza (*yvyraija*) e todos os oporaive (aqueles que cantam) devem se apresentar, de frente para o nascente, para *Nhanderu retã*.

Segundo a tradição mbya, na *opy* não existe cruz, nem "altar", nem o *apyka* ou outro elemento além do cachimbo (*petỹgua*) de barro ou de madeira, da varinha auxiliar dos xondaro (*popygua*), das cuias para o chimarrão e dos instrumentos musicais: *takuapu*, instrumento de percussão feminino feito de taquara; *mbaraka*, violão afinado numa escala pentafônica, usado pelos dirigentes espirituais masculinos; *mbaraka*, chocalho de cabaça, instrumento de percussão masculino.

Como adorno, atualmente, os homens usam dois colares de *kapia* (contas) cruzados no peito e o *jeguaka* (cocar de penas) na cabeça. As mulheres usam o *kanegua*, na cabeça.

Outros objetos rituais como a cruz (*kruxu*), o *apyka*, as velas artesanais, às vezes encontrados na *opy* Mbya são, segundo eles próprios, influência provenientes dos Xiripa (Nhandéva).

Descrições sobre a *opy* Mbya encontram-se nos trabalhos de A. Litaiff (1991, p.84-7) e de C. Zibel Costa (1989, Parte D). Na dissertação de Litaiff, afirma o cacique João da Silva que, além da cruz (*Kruxu*), também o *mabarakai* é de procedência dos Xiripa. "Os Xiripa têm cruz e *mbaraca mirim*; aqui já não tem" (1991, p.84).

Zibel Costa faz uma exaustiva análise etimológica do termo *opy*, simbólica sobre o espaço e a casa, desde técnicas de construção até os objetos rituais. Nesta análise comprova, mediante dados etnográficos de outros autores e de seu próprio levantamento de campo, "a ligação entre o centro da casa com a direção vertical, terra e céu; enquanto concreção física, esta direção está associada ao poder criador, através do uso da vara insígnia ou haste ritual, bem como a fixação do yvyra'i, mastro central do altar". Continuando, o autor associa a vara insígnia com duas espécies vegetais: a palmeira (*pindó*) e o cedro (*yary*).

A rabeca é tocada no "pátio" em frente da casa, durante o xondaro. O xondaro é uma dança realizada pelos homens no final da tarde, antes do pôr do sol. Nela se insere uma espécie de jogo, mas seu intuito é o aquecimento, isto é, esquentar o corpo para as rezas noturnas e proteger a *opy*.

Sua coreografia segue os princípios de três pássaros: *mainoi* (colibri), para o aquecimento do corpo; *taguato* (gavião), para evitar que o mal entre na *opy*; *mbyju* (andorinha), cuja coreografia é uma espécie de luta, em que um deve "derrubar" o outro com os ombros ou esquivar-se de um possível tombo. Essa última dança serve para fortalecer os xondaro contra o mal.

Não existe um dia específico para ocorrer a revelação de um nome. Embora a época das chuvas, entre dezembro e fevereiro, seja a mais propícia, a revelação pode acontecer durante as rezas, em qualquer época.

A criança chamará ao *yvyraija*, de quem recebeu a revelação de seu nome, de *xe ramói* (meu avô) ou *xe jaryi* (minha avó).

Algumas pessoas não podem contar seu nome, embora os outros possam perceber de onde sua alma é proveniente.

Durante alguns anos presenciei rituais de atribuição de nomes (*nimongarai*) em duas aldeias do litoral de São Paulo.

Em ambas as aldeias, na *opy* havia a kruxu e o *apyka* carregado de velas, feitas artesanalmente, que ficavam acesas durante o ritual, antes da revelação dos nomes, e correspondiam à alma de cada pessoa presente.

Presenciei uma cerimônia na qual os dois dirigentes espirituais dessas aldeias celebraram em conjunto o ritual do batismo. Um deles é

Nhandéva e o outro Mbya. Talvez dessa ligação resulte a presença de objetos rituais de tradição xiripa (Nhandéva) na *opy* da aldeia mbya.

O batizado numa dessas aldeias era muito concorrido, participando famílias de outras aldeias e outros *yvyraija*, lotando a casa de rezas, tornando-a quente, esfumaçada pelo cachimbos, transbordando em alto volume o som dos cantos femininos e dos *oporaive*. Em geral, salvo exceções, tais como quando a aldeia passou por algumas crises políticas e sociais, o ambiente da *opy*, durante anos seguidos, não podia ser mais propício para a revelação dos nomes,

Cadogan (1959, p.41-2), ao fazer as transcrições de um discurso ritual, descreve como é realizada a cerimônia de atribuição dos nomes. Nimuendaju (1987, p.29-32) também descreve o ritual presenciado entre os Apapocuva. Convém observar que, entre as diferenças formais que podem ser notadas nos rituais, existem as variáveis relativas ao desempenho, à criatividade e às características do yvyraija que celebra o ritual. Além disso, este vai invocar, durante sua concentração, seu *Nhe e ru ete*, o "pai" que lhe enviou sua própria alma, realçando qualidades específicas deste, das quais também é portador. É por meio do seu *Nheẽ ru ete* que os demais "donos das almas" vão se manifestar.

O caminhar sob a luz

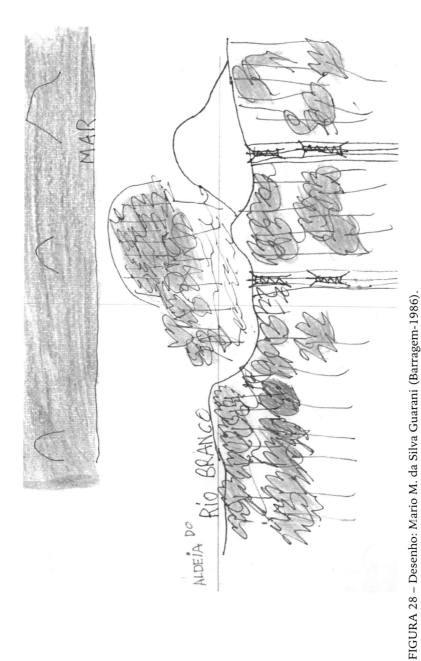

FIGURA 28 – Desenho: Mario M. da Silva Guarani (Barragem-1986).
"Os tupis da costa diziam que a alma dos bons, depois da morte, ia habitar além das montanhas azuis, em lugar maravilhoso, vedado aos traidores." (Alcides d'Orbigny)

FIGURA 29 – Desenho: Mario M. da Silva Guarani (Barragem-1986).
"Os tupis da costa diziam que a alma dos bons, depois da morte, ia habitar além das montanhas azuis, em lugar maravilhoso, vedado aos traidores." (Alcides d'Orbigny)

7
Oguata porã – A caminhada à beira do oceano ou a ocupação mbya no litoral

Neste capítulo, abordaremos a forma como os grupos familiares, organizados segundo os preceitos contidos nos mitos de criação e destruição do mundo e comandados pelos Nheẽ Ru Ete, realizam suas caminhadas no território mbya, situado "à beira do oceano".

A ocupação guarani mbya no litoral leste e sul do Brasil antecede, em muito tempo, a chegada dos primeiros europeus.

Os primeiros Mbya aqui viveram, no "início do mundo", lugar e tempo onde só existiam os Mbya. Essa história não sobrevive somente por meio da transmissão oral de geração a geração. Ela depende, também, de uma revelação ou iluminação a um dos "escolhidos". Embora sempre tenha uma sequência, ela nunca é revelada inteiramente porque ela "não tem fim", e pode sempre ser complementada com outras revelações. Enquanto memória que ainda é vivida no presente, ela está intimamente associada com a razão e o modo de existir dos Mbya.

Nesta narrativa, sobre a ocupação mbya no litoral, não se faz menção explícita às aldeias do planalto paulista (Barragem, Mboi Mirim, Jaraguá, Krucutu), nem a outros pontos importantes, situados em outras regiões, que são citados em outros discursos. A história da ocupação mbya no litoral não se esgota, portanto, em um único relato, nem em um único indivíduo. Entretanto, a ordenação dos fatos apresentados nesta narrativa coincide com informes de outros Mbya.

FIGURA 30 – Aldeia do Rio Silveira, SP, 1988.

FIGURA 31 – Antonio Branco, Aldeia de Itariri, SP, 1985.

Paranaguá, Iparavãpy para os Mbya, aparece também no segundo mito (cap. 6), que discorre sobre a origem das almas ou da construção da sociedade mbya, como sendo o lugar de origem dos primeiros filhos concebidos pelas divindades. Iparavãpy é "a origem do mundo", especialmente para os Mbya, que, partindo do norte da Argentina, vão para o estado de Santa Catarina e alcançam o litoral a partir de Itajaí ou Paranaguá: ou para aqueles cuja rota migratória se inicia no Paraguai, segue em direção a leste pelo estado do Paraná e atinge o litoral a partir do estado de São Paulo. E mesmo para os que partiram do norte da Argentina ou do Paraguai, e penetrando nos estados do sul do Brasil pelo seu interior, atingiram as aldeias do litoral. (Ver mapa das migrações, p.69).

O certo é que se Paranaguá é concebida como origem do mundo Mbya, ela não é na direção sul do Brasil o seu limite. Assim, o litoral de Santa Catarina e Rio Grande do Sul também se insere no conjunto dos espaços adequados à busca das áreas eleitas. Os movimentos migratórios dos Mbya do Rio Grande do Sul têm sido realizados atualmente pelo litoral, a partir de duas aldeias desse Estado – Cantagalo e Osório (ou Barra do Ouro) –, continuando pelas aldeias próximas à Florianópolis, Joinville e Itajaí, no litoral de Santa Catarina.

Qual seria, então, o "limite" do que chamamos de território Mbya no litoral? Se Paranaguá é "origem" mas não "divisa", que na direção do sul pode se estender até o Rio Grande do Sul, no sentido contrário qual é o limite?

Na segunda narrativa (cap. 6), que discorre sobre a "construção da sociedade mbya", a aldeia Boa Esperança, no Espírito Santo, já aparece como sendo *yvy apy*, o final do mundo, ou o seu extremo.

Quando na tradução da história da ocupação mbya no litoral indaguei sobre o que existe além da aldeia Boa Esperança, situada no município de Aracruz (Espírito Santo), a resposta, repetida várias vezes, era a de que lá era "o fim do mundo". Era a extremidade do mundo mbya, de onde, "da beirada do oceano", só seguiriam para atravessar a grande água e alcançar *yvy maraëy*, a terra da eternidade.

O que até então parecia obscuro e que cada vez se delineia mais claramente, a partir do desenho dos movimentos migratórios e da mobilidade mbya em função das relações sociais, é que o mundo possível de se encontrarem "lugares verdadeiros" ainda é aquele reconhecido pelos historiadores: Paraguai, norte da Argentina, Uruguai, sul do Brasil, estendendo-se às encostas da Serra do Mar. Fora desses limites, o mundo mbya "não existe",[1] e o que restou da terra foi destinado às outras nações, "os brancos, os tupiniquins", que chegaram depois, como dizem, talvez numa alusão à área tupiniquim contígua à aldeia guarani Boa Esperança, dentro da mesma reserva indígena.

Embora o espaço reservado às suas caminhadas ocorra nas mesmas regiões geográficas, não é toda ela fruto de suas reivindicações. Os lugares revelados por Nhanderu aos dirigentes do grupo são aqueles que apresentam qualificações específicas e que foram guardados pelos "antigos avós" para os Mbya. Sobre esses reivindicam exclusividade. Assim, é perfeitamente possível que o branco possa compartilhar e viver na terra como "vizinho" de suas últimas áreas eleitas, apesar de desaprovarem o modo como o branco usa a terra (Ladeira & Azanha, 1988, p.24).

Na narrativa mítica seguinte, sobre as caminhadas do Mbya pela "beira do oceano", o narrador faz um esboço do que é o mundo mbya a eles destinado e onde devem procurar seus "verdadeiros lugares".

Essa história também "ensina" ao jurua que os Mbya não reinvindicam toda a terra que Nhanderu lhes destinou para suas caminhadas, em busca de seus "verdadeiros lugares". Eles impõem a si mesmos, dentro desses limites geográficos, um "limite" estratégico ou "eleição de áreas" mediante a orientação de Nhanderu. Esses limites, entretanto, são impostos a eles, Mbya, e não à sociedade dominante, que pode, por conseguinte, usufruir das vastas regiões de terras e cidades que lhes são impróprias, e que circundam "seus" lugares e o "seu" mato.

A história e sua explicação

Quando Nhanderu Tenonde (nosso Pai primeiro) construiu esse mundo (depois do terremoto), ele disse:

---

[1] No litoral, hoje, não se tem conhecimento de aldeias mbya acima de Aracruz (ES). Entretanto, como já foi mencionado, no interior do Brasil encontram-se famílias mbya dispersas no Maranhão, Tocantins e Pará.

O caminhar sob a luz

FIGURA 32 – Aldeia da Cutinga, PR, 1990.

Esse mundo não durará muito tempo. Meus filhos que vão estar no mundo vão ter que se separar. O mundo é muito grande. Por isso vão se separar em, mais ou menos, três famílias, e deverão caminhar (oguata).[2] Então, do começo do mundo (yvy apy) vieram andando, procurando seus lugares, seus verdadeiros lugares. Vieram do começo do mundo e andaram pela beirada do oceano (yy eẽ remberupi meme) para encontrar o fim do mundo (yvy apy).[3]

Eles andaram sobre as águas e ficaram no meio das águas (yy paũ rupi), nas ilhas (paracupe). Eles andaram para o bem. E se separaram, cada um com suas companheiras, cada um com suas famílias.

Eles andaram e atravessaram as águas, parando sempre no meio do oceano. Então deixaram as ilhas para nós, filhos caçulas (ay apyre),[4] para vivermos nesses lugares.

Quando eles vieram, eles passaram onde hoje se chama Argentina, Uruguai e Paraguai. Depois vieram para esse mundo (Brasil). Então vieram para

---

2 Refere-se aos Nhanderykei que viveram neste mundo.
3 *Yvy apy*: ponta (extremidade) da terra.
4 Os "filhos caçulas" são os Mbya que vivem atualmente neste mundo.

este meio do mundo (yvymbytere). Então começou a caminhada para a beirada do oceano. E foram fundando vários lugares para depois 'serem cidades' (tetã). Passaram em Kuriyty[5] (Curitiba) e pararam algum tempo. Ali se separaram. Alguns desceram pelo mato, em direção ao mar, à procura de seu lugar. E encontraram Opavãpy ou Iparavãpy[6] (Paranaguá). E, de novo, se separaram naquele lugar.

E de lá foram para as ilhas (yva paũ = espaço no céu, ou yy paũ = "espaço" entre as águas), no meio do oceano.

[Este mundo foi feito para nós todos. Foi para todos nós usarmos que nosso Pai deixou. Pois nós não estamos no mundo para sermos acabados pelos brancos. Nhanderu (nosso Pai) fez o mundo para todos. Os brancos não devem ter ciúmes dos matos, pois nós não vamos fazer mal aos matos, pois nós não vamos ficar igual aos brancos, pois nós não vamos fazer mal a nós mesmos. E nem os brancos devem fazer mal a nós. Pois assim, fazendo mal a nós mesmos, vamos errar para Nhanderu. E nosso corpo seria comprado pelo mal. E nós mesmos já não vamos saber como viver.]

Quando nossos irmãos mais velhos (nhanderykey) se separaram em Opavãpy, cada grupo se repartiu entre as ilhas. Alguns foram para Jakutinga[7] (Ilha da Cotinga), alguns foram para Eiretã[8] (Ilha do Mel), algumas famílias foram para Piraguí[9] (Superagui), para todas as ilhas. Alguns daqueles que se separaram em Kuriyty desceram também até a beirada do oceano. Então pararam de novo num lugar onde encontraram uma fonte d'água, boa de beber, num lugar muito limpo, Oyguarã[10] (Iguape). Então, limparam ainda mais o lugar dessa água e lá ficaram muito tempo.

---

5 Kuriyty: pinhal.
6 Opavãpy: o fim da ponta da terra (o início do destino). Apy: extremidade. Nesse sentido, é o fim de uma coisa, início da outra. Iparavópy: no mar, o fim da terra, o início do destino.
7 Jakutinga: ave (jakui) de que havia muito nesse lugar e que é um alimento gerado por Nhanderu para os Mbya.
8 Eiretã: "lugar" de mel, muito mel.
9 Piraguí: sereia.
10 Oyguarã: fonte de água boa. Depois de um tempo, os Nhanderykey que lá viviam chamaram o lugar de nhande ygua (nossa fonte de água). Esse lugar será chamado pelos brancos de Iguape.

O caminhar sob a luz

Passou muito tempo, as crianças já ficaram como os adultos. As meninas ficaram adultas. Os meninos ficaram como os adultos, então eles já sabiam todos os acontecimentos. Então, eles seguiram o mesmo caminho de seus antepassados (ijagüyjevy), daqueles que tinham a plenitude, daqueles que alcançaram yvyju porã, a terra perfeita

Então, alguns subiram pelas montanhas. Eles vieram pelas montanhas. No alto das montanhas eles paravam. Paravam nos lugares planos onde poderiam ficar por algum tempo (yvy vau̸ rupi opyta pyta agüéma).

Nós, todos nós, desde antigamente, 'andamos para o bem' (oguata porã), iluminados por Nhanderu. E, antigamente, Nhanderykey (nossos irmãos mais velhos) não tiveram dificuldades. Não havia fome, nem doenças, antigamente. Estavam em plenitude (agüyje) e não sentiam nenhum mal em seus corpos, pois só seguiam os ensinamentos de Nhanderu. Pois não comiam as coisas deste mundo, não comiam sal. Eles comiam milho, kagüyjy (chicha de milho). Todos os nossos antigos avós, nossos avós, nossos avós antigos paravam onde o lugar era nosso, nhanderekoa. Onde eles chegavam, onde recebiam a iluminação ficavam o tempo certo para produzirem seus alimentos.

Nossos avós descobriram esses lugares, pois eles andavam pelo mundo, pela beirada do oceano.

Mas eles não andavam por si mesmos. Eles andavam pela iluminação de Nhanderu (omoixakã). Eles vieram do começo do mundo. Nhanderu deu a iluminação e falou para eles cumprirem os seus ensinamentos. E eles cumpriram o que Nhanderu falou. E em cada lugar que paravam eles deram um nome.

[Pois os brancos não sabem mesmo a verdade. Eles falam mal de nós. Porque a nossa terra, Nhanderu deu para nós e Nhanderu não quer levar nada de troco. Mas se ele quiser, ele destrói o mundo queimando (oapy) ou mandando água (yy ombou). Por isso, o lugar onde fazemos nossas aldeias é para nós. Se os brancos, se as autoridades entendessem, veriam que nós temos esse direito, o direito de viver nesses lugares. Pois essas cidades antigas, na beira do mar, foram descobertas por nossos avós, e os brancos já querem vender.]

Depois, alguns dos nossos antigos avós andaram para outro lugar. Então, chegaram num lugar onde encontraram um pássaro marrom, Biguarãpy[11]

---
11 Biguarãpy: lugar do pássaro marrom.

(biguá). Lá pararam mais ou menos três anos e saíram todos por cima dos morros, procurando novos lugares, guiados pela iluminação. E onde não dava, onde a terra não dava para eles ficarem (não era boa para as plantações), saíam todos para lugares melhores. E alcançaram a terra onde tem muitas pedras Itarentapy ou Itaryryi (Itariri).[12] E lá pararam. E lá se separaram de novo. E aqueles que andaram, chegaram num lugar onde disseram: vamos subir as pedras, Itanhaẽ,[13] (Itanhaém). E ali eles ficaram. E dali muitos alcançaram o seu destino, yvyjuporã (terra boa, perfeita). E eles, de novo, se separaram, e muitos entraram pelos matos.

[As almas das crianças que morreram nas caminhadas ou nas paradas é que vão avisar, mais tarde, aos brancos, a alguns brancos, aos padres, por exemplo, o nome do lugar, para que sejam fundadas as cidades. Os corpos das crianças mortas foram enterrados nesses locais ou foram levados por Nhanderu.

Os lugares planos entre as 'montanhas perto do mar' (Serra do Mar) são nessas cidades de hoje que nossos avós antigos paravam durante as caminhadas. Esses lugares onde estão as cidades também são sagrados,[14] por onde passaram e pararam muitas famílias. Mas onde a terra não servia para as plantações, então poderia servir para o branco. Mas, desses lugares, muitos avós antigos alcançaram yvyju porã e ainda podem fazer isso, apesar de existirem as cidades.

Nosso pai verdadeiro diz: – 'Onde existe um lugar que serve aos índios (aos Mbya), será deles: o mato'. A beirada do oceano, a beirada do oceano é que foi conhecida por nossos avós antigos. Para nós, filhos caçulas (ay apyre), para nós, hoje, está sendo muito difícil poder ficar nesses lugares. E foram nossos avós antigos que descobriram esses lugares. E até hoje, existem lugares sagrados, que não estão sendo revelados para os brancos. Nhanderu está escondendo dos brancos, pois ele deixou, aqui

---

12 Itarentapy ou Itaryryi: lugar onde tem muitas pedras.
13 Itanhaẽ: vamos subir as pedras (nós, em cima das pedras). Este lugar é para os Mbya "muito sagrado". Dali, vários já alcançaram *yvyju porã*, e outros foram para onde é a aldeia do Rio Branco e para "Guapiu" (aldeia do Aguapeu).
14 O termo "sagrado" é uma tradução que indica que hoje os lugares que se tornaram cidades também foram descobertos pelos antepassados dos Mbya, assim como os locais e aldeias que ocupam atualmente.

na terra, para nós seus filhos caçulas, nos alimentarmos do mato. Algumas criações de Nhanderu (mymbai), para nós, seus filhos, são: jaku (jacutinga), urui (galinha silvestre), pindo (palmeira), ei (mel), jety (batata-doce, cará), koxi (porco do mato), jarakaxia (fruto silvestre-jaracatia), guavira (guabiroba). Estas são criações de Nhanderu.

Pois agora, nós que somos seus filhos caçulas, não conseguimos usar as coisas que Nhanderu deixou. Nhanderu diz: 'Quem se lembra de mim, vai alcançar com seu corpo'. Mas hoje em dia as coisas para seus filhos caçulas estão muito difíceis.]

Onde eles paravam, as crianças já ficavam adultas, os meninos já sabiam de tudo, então eles de novo andavam. Das pedras onde eles estavam (Itanhaém), eles saíram de novo e continuaram seguindo à beira do oceano. Então, eles chegaram no lugar que agora já é chamado pelos brancos de Santos. Eles não pararam por lá, só passaram (em alguns lugares eles só paravam para descansar). Onde eles foram parar mesmo, chamaram o lugar de Para[15] *(Parati), e mais para dentro do mato chamaram Para Mirĩ*[16] *(Parati Mirim). Nesse lugar verdadeiro existem as criações de Nhanderu (Nhanderu mymbai).*

[No mundo existem vários amba (lugares que Nhanderu deixou para as suas criaturas viverem, conforme seu modo de ser). Nhanderu tem também seu amba, onde vive.

Cada bichinho tem a sua parada preferida. Até os micos (ka'i mirĩ) têm. E os amba dos animais, no mundo, são sempre separados. Os macacos (ka'i) são separados, os micos são separados. Guyra amba (amba dos pássaros). No amba dos pássaros vivem todos os pássaros juntos (os pássaros criados por Nhanderu).

Onde existe amba, os bichos não abandonam. Eles saem, vão à procura de seus alimentos, mas sempre voltam para o seu lugar. Os macacos, os bichos, onde andam têm filhotes, como nós, mas sempre acabam encontrando o seu próprio lugar.]

Pois em Para Mirĩ, onde eles pararam, as meninas e os meninos já ficaram como adultos. Alguns voltaram para trás para encontrar seus próprios parentes

---

15 Para: "encontro com o mar" (segundo a tradução de Davi).
16 Para Mirĩ: "encontro com pequeno mar" (segundo a tradução de Davi). Para Guaxu, refere-se ao mar. *Yy eẽ* também se refere ao mar enquanto água salgada.

'mais fracos' que ficaram para trás, também à procura de seus lugares. E os que voltaram para trás se encontraram no lugar onde deixaram seus próprios parentes, reunindo-se com eles e entrando pelos matos. Alguns faleceram no lugar onde pararam. Alguns atravessaram o oceano. Os que voltaram para trás foram dando nomes a todas as 'coisas' e animais. E em cada lugar que passavam, davam o nome dos bichos e das coisas que havia no lugar. Onde eles viram Yguaxu[17] (Ubatuba) deram esse nome à cidade (tetã), que depois vai ser chamada pelos brancos de Ubatuba. Depois eles se separaram, indo mais para dentro do mato. Alguns continuaram. Onde eles viram uma cobra enorme, que sempre ficava num buraco no meio do caminho onde eles passavam, eles deram o nome de Mboikua[18] (Boiçucanga). E alguns que foram para os matos procurando outros lugares, encontraram seus verdadeiros lugares.[19]

Aqueles que saíram de Para Mirĩ (Parati Mirim) seguiram para frente e chegaram em Tangara (Angra dos Reis). Nesse lugar, Tangara amba, existia muitos desses passarinhos. Então, quando Ijagüyje ('aqueles que estavam em plenitude') chegaram nesse lugar, conheceram mais um lugar para seus filhos caçulas (Itatinga).[20] E os mais velhos atravessaram o oceano. E os que ficavam, sempre tinham um yvyraija (líder espiritual que dirige o grupo, 'o dono da varinha'), que ordenava a caminhada pela beira do oceano. Deixaram Tangara, que vai ser chamada pelos brancos de Angra dos Reis. Então, depois de muito tempo ali, seguiram o seu caminho e foram até o lugar chamado Yvy Apy[21] (extremidade do mundo), (Ara Kruxu = Aracruz-ES), onde pararam. Desse lugar não puderam mais prosseguir. De lá, só seguiram aqueles que atravessaram o oceano (yy eẽ) e atingiram yvyjuporã. Os que ficaram guardaram o lugar para nós, seus filhos caçulas.

---

17 Yguaxu: "riacho grande". O local onde está a cachoeira do Rio Pró-Mirim (Ubatuba), próximo à aldeia Mbya, recebeu o nome de *Puru Mirĩ* ("estalo pequeno". Esta expressão, em Mbya, refere-se ao estalar dos ossos).
18 Mboikua: "buraco de cobra". Esse buraco de cobra está situado próximo à Boiçucanga, "perto da praia, nas rochas, é um buraco enorme". A tradução aproximada de Boiçucanga é "cobra da cabeça grande".
19 Refere-se, entre outros, ao lugar onde hoje é a aldeia do Rio Silveira.
20 Aldeia de Itatinga – Bracuí – Angra dos Reis-RJ (Tangara).
21 Yvy apy: fim do mundo, extremidade do mundo. Refere-se à Aldeia Boa Esperança, no município de Aracruz-ES. Ara Kruxu: "cruz no meio do dia", segundo a tradução de Davi.

Antigamente, Nhanderu ete, o pai verdadeiro, disse: 'A terra é para todos, nenhum de vocês deve ter ciúme da terra'".

Acontecimento em Superagui

Quando as pessoas se separaram em Opavãpy, cada grupo se repartiu entre as ilhas. Alguns foram para Eiretã (Ilha do Mel), alguns foram para Jakutinga (ilha da Cotinga), alguns foram para Piragui (Superagui)... E nesse lugar, quando tentavam atravessar o mar, havia uma mulher, fraca demais, prejudicando a passagem do grupo para a terra de Nhanderu. Ela, por ser muito fraca, não conseguia passar pelas provas.[22] Então não adiantava acompanhar o grupo, então sua alma sozinha foi ao encontro de Nhanderu, e seu corpo foi 'comprado' pelo mal e aí aconteceu uma coisa que não deveria acontecer. O corpo dessa pessoa, que virou outra 'coisa', foi deixado naquele lugar. Esse corpo foi comprado pelos peixes para ser sua 'rainha'. E se chamou Piragui.[23]

Os mais velhos contam esse caso muito antigo, que causava medo.

Piragui precisava de um acompanhante, Um homem teve um filho, mas, quando esse filho estava na barriga da mãe, o pai sempre ia pescar. Piragui tomava conta dos rios pequenos e da grande água, de tudo, e ela tinha ciúmes das águas que eram limpas e bonitas. E ela tomava conta dos peixes e não queria que os homens estragassem, sujassem e não queria que os homens judiassem dos peixes. (Ela dava só alguns peixes aos homens, só os que podia.) Então, quando o homem não conseguia pescar o peixe, ele sujava a água, fazia cocô nas águas, de raiva, sem saber que Piragui existia ali. Então, um dia, quando ele fazia isso, Piragui deu um tapa na bunda dele, e disse:

– Você suja a água que para mim é o meu lugar (Piragui amba). Seu filho está para nascer, então, se você quer peixe, você dá o seu filho para mim, e eu te darei peixe em troca.

---

22 Refere-se às provas de Nhanderu, como jejuns prolongados, danças, rituais, abstinências sexuais etc., necessárias para se alcançar o *agüyjé* (a plenitude).
23 Piragui: sereia.

E ela deu bastante peixe. E o homem levou pra casa e, chegando lá, disse à sua mulher:

— Eu já pesquei bastante peixe, e agora não vou mais pescar nesse rio – e não contou à esposa o acontecimento. Depois que seu filho nasceu, o homem não foi mais pescar, nem andou na beira do rio. Depois que a criança cresceu, Piragui não se esqueceu do trato com aquele homem.

E quando o filho já estava adulto e não sabia do acontecimento, seu pai já tinha se esquecido do trato com Piragui. Então, o filho crescido foi pescar. E Piragui já estava esperando. Então, quando o rapaz chegou no rio, Piragui pegou ele e levou para bem fundo no mar (Yygüyre).

O filho sumiu, e o pai e a mãe não sabiam como ele tinha desaparecido. Mas as famílias comentavam o jeito como ele sumiu, pois tinha um yvyraija (guia religioso) muito forte naquele grupo.

Então, o pai daquele rapaz se lembrou e pensou:

— Fui eu que errei, fui eu que vendi meu filho para Piragui. E, chorando, ele disse assim: — Minha esposa, fui eu quem vendi, pois, naquele tempo que meu filho estava para nascer, eu sempre ia no rio, mas não pegava peixe. Por isso eu fiquei bravo e fiz cocô no rio. E Piragui veio e me bateu – e contou o caso para a sua mulher.

E o pai e a mãe do rapaz sumido se desesperaram e foram contar o caso para o yvyraija, que já sabia do acontecimento.

Então yvyraija fez uma reza (oporaei) muito forte e pediu para Nhanderu que mandasse mais força para ele, yvyraija. Então fizeram uma casa grande, uma opy guaxu (casa de rezas), na beirada do rio onde o rapaz dasapareceu. E aí, nessa casa, rezaram, cantaram e dançaram todos juntos. Fizeram isso três dias (mboapy ara), sem parar. No quarto dia (irundy ara), Piragui apareceu, entrou nessa grande casa. Apareceu dançando e cantando (rezando como os Mbya) e, ao mesmo tempo, o rapaz que ela tinha levado ela carregava preso, ao seu corpo, num pano de carregar criança.

Os parentes do rapaz viram ele grudado em Piragui, mas ele estava vivo. Quando ela entrou na casa, dançou, dançou, dançou, e de cansaço, pelo fogo, pelo calor do bem do yvyraija, ela caiu. Ela soltou o rapaz.

Então, quando ela voltou a si, se assustou, mas não falou nada e foi embora para o seu lugar, pela força do yvyraija. E nunca mais voltou.

Pois esta é a origem da força dos yvyraija de libertar as pessoas que são atingidas pelo mal, que sofrem doenças causadas pelo mal dos outros.[24]

E depois de muito tempo, quando o branco já se espalhava pelo mundo, quando o branco descobriu esses lugares, esses lugares já tinham seus nomes. Então, naquele lugar, que hoje os brancos chamam Superagui, o corpo de uma pessoa feminina se transformou em Piragui, a rainha dos peixes, que até hoje existe pelos grandes rios dos oceanos. E até hoje se tem medo disso.

Então, todas as ilhas, de primeiro, foram habitadas pelo índios. Por isso, até hoje, os brancos devem reconhecer os índios como os primeiros habitantes.

Os Mbya, a Serra do Mar e o mar

Cantigas sobre o mar

Xe Kyvy vare
pararovái ereo rire
ejerovoi
ejerovoi
(Meu irmão valente
foi para além do mar
dê logo a volta ao mundo
dê logo a volta ao mundo)
(Jandira, Aldeia do Jaraguá, 1988)

Djatereí Katú raé, txeryvy,
pará ovái, djaa djirodjy,
djaá yvy reé.
(Vamos nós dois juntos, meu irmão,
atravessar o mar, vamos inclinar-nos,
vamos embora – da terra – juntos)
(Schaden, 1974, p.158)

---

24 O potencial de curar, de tirar "o mal" da família, é a qualidade que parece ser a mais valorizada pelos Mbya com relação ao seu *yvyraija*. É o principal fator que o distingue da coletividade, uma vez que as revelações e as premonições são atributos mais generalizados.

Oré oroópotá para ovái; oró ú ãuã
takuary – porã.
(Queremos ir para o outro lado do mar,
para chupar cana)
(Schaden, 1974, p.158)

> É muito curioso que o mar represente papel tão relevante para um povo que vive nas profundezas mais remotas do continente e cujo modo de vida é integralmente interiorano. Isto fica sobretudo evidente quando os Guarani chegam de fato ao mar. A impressão do quebrar das ondas, que, como inimigo feroz parecem estar sempre arremetendo contra a terra, é-lhes lúgubre: acreditam achar-se diante de uma permanente e ameaçadora fatalidade. Por isso, nenhum dos numerosos bandos que atingiu o litoral estabeleceu-se na ribeira do mar; nenhum jamais tentou navegar; nenhum logrou extrair do mar, para seu sustento, um elemento sequer. Sempre recuaram até onde não pudessem ver nem ouvir o mar; ...
> (Nimuendaju, 1987, p.99)

Dentro da perspectiva mbya de alcançar *yvyju mirĩ*, a Serra do Mar está sempre associada ao mar. Ela é o "dique do mar" (*yvy paráry jokoa*). "Lugar de onde se vê o mar" era a tradução de Paranapiacaba, nome atribuído pelos antigos Tupi à Serra do Mar (Nimuendaju, 1987, p.98-9).

Para Nimuendaju, etimologicamente, Paranapiacaba, que Montoya transcreve como *Ybitu guaçu parana piahaba*, tem o mesmo significado de dique do mar. Assim, a Serra do Mar é a terra que pode reter, esconder, proteger do mar.

A maioria das aldeias mbya do litoral estão situadas em montes que permitem a visão do mar, mesmo que a uma distância considerável. Os montes são estratégicos em pelo menos três situações: permitem-lhes antever uma nova e eventual inundação (embora a previsão sobre a próxima destruição é que esta ocorrerá por meio do fogo); possibilita ver, sem serem vistos, a chegada de estranhos e de visitantes à aldeia e, portanto, de se prepararem para a recepção: a travessia do mar em direção à *yvy maraẽy* é feita no *apyka* flutuando no ar sobre as águas, de modo que, nos montes, os Mbya ficam mais perto do firmamento (*ara ovy*), mais perto do local do nascimento do Sol (*nhanderenondére*) e, portanto, de seu destino.

> O mar, no pensamento e cosmologia Guarani, ocupa um lugar ambíguo: ao mesmo tempo, obstáculo a transpor para se atingir o paraíso e ponto de chegada, pois é ali, nas suas proximidades, que o destino Guarani pode-se realizar. (Ladeira & Azanha, 1988, p.20)

A Serra do Mar, como vimos, é local estratégico e de proteção, apesar da proximidade do mar, e significa, ainda, a possibilidade da realização do destino ou da concretização do projeto. Mas, principalmente em razão de suas características físicas e biológicas, é o lugar ideal para a espera ou para o desenvolvimento das ações que auxiliam esse empreendimento.

O mundo mbya, a terra imperfeita, é uma ilha. O terremoto, que "virou a terra" transformando sua superfície plana em morros e vales, foi, quem sabe, o responsável pela criação da Serra do Mar. Este evento coincide com a chegada, em *yvy apy*, dos primeiros Mbya enviados por Nhanderu (*ijagüyje*, aqueles que tinham a plenitude) para andarem à beira do oceano. Suas caminhadas, conforme a narrativa, vão se dar entre os morros e os planos, sendo reservado aos índios, os matos e os morros. Nos lugares planos, depois, seriam construídas as cidades pelos brancos. Em outras palavras, a origem da Serra do Mar, ou a sua descoberta, coincide, talvez, com as caminhadas junto às suas encostas, realizadas pelos antepassados longínquos. São eles que vão dar o testemunho da existência da Serra do Mar e da edificação de um mundo novo, com o advento do terremoto.

O complexo Mata Atlântica, Serra do Mar e o próprio mar representam o ideal de vida como transição. A Mata Atlântica, em termos de ecologia e de economia, possui ainda os resquícios das primeiras criações (*Nhanderu mymba*). As montanhas representam a construção do mundo com as formas definitivas e o mar, o desafio da possibilidade.

> As espécies vegetais, animais, a hidrografia, o relevo que compõem a Mata Atlântica fazem parte do universo material e espiritual Guarani. Quando eles "partem em busca de seus verdadeiros lugares", a orientação divina para o assentamento das famílias se dá em consonância também, embora não de forma exclusiva, com os recursos naturais existentes, e as condições para o sustento do grupo. Por isso as matas, cada vez mais raras, vão se tornando mais significativas para os Mbya. (Ladeira, 1990, p.63)

> A busca da "terra sem mal" e de uma "terra nova" estrutura marcantemente seu pensamento e suas vivências; a "terra sem mal" é a síntese histórica e prática de uma economia vivida profeticamente e de uma profecia realista, com os pés no chão. Animicamente, o Guarani é um povo em êxodo, embora não desenraizado, pois a terra que procura é a que lhe servirá de base ecológica, amanhã como em tempos passados. Durante os últimos 1.500 anos – período em que as tribos Guarani podem se considerar formadas com suas características próprias – os Guarani se mostraram fiéis à sua ecologia tradicional, não por inércia, mas pelo trabalho ativo que supõe a recriação e a busca das condições ambientais mais adequadas para o desenvolvimento de seu modo de ser. A tradição, neste caso, é profecia viva. A busca da "terra sem mal", como estrutura do modo de pensar do Guarani, dá forma ao dinamismo econômico e à vivência religiosa, que lhe são tão próprios. (Meliá, 1989, p.293)

A ecologia guarani e a sua relação com os recursos naturais merece um estudo mais detalhado, pois a vivência com o meio ambiente é determinada por regras muito bem definidas, que vão compor o espaço social, político-religioso e econômico que tornam o lugar possível para a realização do "modo de ser guarani".

Os Mbya não estão em ilhas tão próximas ao mar, por conta de uma relação de caráter econômico e de subsistência. Ao contrário, tiram muito pouco do mar para seus sustento. Poucas espécies de peixes lhes são permitidas para o consumo. Isto é, somente aquelas criadas por Nhanderu.

"Maus nadadores atravessarão o mar (*para guaxu*) sobre as águas. Os Guarani têm, como base de subsistência, o mato. Portanto, estabelecer seus Tekoa à beira do oceano, e nas próprias matas, se constitui num ideal concretizado. Assim acontece nas ilhas (*parakupe*) onde o *jurua* (branco) não chega" (Ladeira, 1990, p.65).

Ocupar as ilhas significa viver num espaço intermediário entre a terra e o espaço celeste e, portanto, já no caminho de *yvyju mirî*. Significa ainda cumprir a profecia de que aqueles que se obstinarem a viver em conformidade com as normas originais da conduta humana (Mbya) alcançarão em vida, "com o corpo e a alma", a "terra sem mal". O fato de as ilhas Paraná e do litoral sul de São Paulo apresentarem áreas de mata preservada possibilita aos Mbya o consumo e o uso de recursos naturais que compõem o seu acervo cultural e, portanto, o não distanciamento total das normas tradicionais.

Viver nas ilhas tem um significado extremamente religioso, entretanto dificilmente explicitado pelos Guarani, que, ao longo dos séculos, têm procurado manter sigilosos vários aspectos de seu comportamento e universo filosófico, incompatíveis com a visão de mundo da sociedade envolvente.

Aliadas ao sentido de perspectiva que o mar representa para os Mbya, as suas características vêm reforçar o temor ou o desafio a enfrentar. A maré, baixa ou cheia, as ondas feitas ou não com a ajuda do vento, o comportamento sob a influência ou não das diferentes luas, expõem um mar voluntarioso e enigmático. As ondas provocam medo principalmente àqueles que são fracos, isto é, que não estão preparados para atravessá-lo.

Não existe o hábito de nadar no mar, embora seja bom molhar a cabeça em sua água, retirada previamente, quando se está com a cabeça "variada".

Os Mbya sempre preferiram banhar-se nas águas limpas das pequenas nascentes saídas das rochas que são iluminadas pelo sol nascente, isto é, na direção de *nhanderenondére*. Essas águas são as verdadeiras águas originais geradas no primeiro mundo (*yyrekoypy*). E as pedras, em alguns casos, podem coincidir com os suportes do mundo (*yvy rapyta*).

As nascentes de água que se situam no poente são visitadas por outras criaturas com "maus espíritos". As águas sempre "dão medo", porque nos rios, mesmo nas matas, há as criaturas que são as donas dos rios. Os rios com correnteza são mais temidos, pois o cheiro da pessoa que se banha é levado para longe e é reconhecido pelos maus espíritos, que poderão perturbar a pessoa. Além disso, os rios com correnteza desaguam no mar, que está infestado das criações de Anhã. Por isso, apesar da proximidade física entre algumas casas e os rios, é comum apanharem água para banhar-se em casa.

Assim, por mais que estranhemos, pois trata-se de índios que vivem em aldeias banhadas pelos rios que cortam a Serra do Mar (ou pelas represas e lagoas), os Mbya não têm o hábito de nadar. A maioria dos

Mbya, sobretudo os mais velhos, não sabe nadar. Daí decorrem os inúmeros casos de afogamento entre eles.[25]

Sobre as criações de Nhanderu e as criações de Anhã

Neste item serão feitas breves menções e observações sobre as criações do mundo mbya.

Um estudo mais detalhado sobre esse assunto seria muito pertinente, sobretudo neste momento em que as definições das Áreas Indígenas e elaboração de projetos de subsistência tornam-se inadiáveis. Pois é a classificação das "criações do mundo" e seus diferentes usos que, ditando as normas da higiene, da "saúde" e da alimentação, podem indicar alternativas produtivas e alimentares passíveis de serem assimiladas pelos Guarani Mbya. Moisés Bertoni (1927) enfatiza a coerência nos hábitos e o equilíbrio das proteínas dos alimentos consumíveis, atribuindo a longevidade dos Guarani às práticas profiláticas de higiene e alimentação.

Um estudo das classificações dos elementos do mundo pelos Mbya, como povo que se encontra em processo migratório (abrangendo os que puseram ou não em prática o plano de caminhar ao litoral), proporcionaria maior compreensão sobre os mecanismos que exercem para sua sobrevivência e de sua mobilidade.

Os usos e o consumo de produtos alienígenos que se observam entre os Mbya, nos diferentes contextos em que vivem, não estão desprovidos de crítica. Como veremos por meio de alguns depoimentos no final deste trabalho, os Mbya têm a clara consciência de suas transgressões, cada vez mais necessárias, mas, em nenhum momento, alteram a ordem das classificações em função de suas necessidades prementes de sobrevivência.

---

25 Na baia de Paranaguá, acidentes são fatais, quando as potentes embarcações que ancoram no Iate Clube circulam velozes, produzindo ondas que derrubam os pequenos barcos dos Mbya da aldeia da Ilha da Cotinga. Alguns desses casos foram registrados pela imprensa. Também há casos esporádicos de afogamentos nos rios que circundam as aldeias, por exemplo no Aguapeú.

Essas "transgressões", ou prática de outros costumes, se acentuam principalmente nas ocasiões em que estão em trânsito.

No mundo existem as criações de Nhanderu (*Nhanderu mymba*). Elas são autênticas e foram geradas em primeiro lugar no primeiro mundo (*yvy tenonde*) para os Mbya.

Algumas dessas criações são relacionadas a seguir.

Entre as plantas: avaxi etei (o milho verdadeiro); *jety ju* (batata-doce); *mandio* (mandioca); *jaracaxia* (jaracatiá): *pacova* (banana, somente algumas espécies); mixirica; *yvyra' a* (planta da qual as sementes dão força e cor aos cabelos); *ei* (mel); *cipo imbé, embira*; *yvaũ* (conta preta usada nos adornos, colares, pulseiras); *kapia* (conta branca usada nos adornos); *pindovy* ou *pindo etei* (jerivá, palmeira já especificada anteriormente).

Entre os "animais": *yxo* (tipo de larva que se encontra no tronco de certas árvores); *koxi* (porco do mato de qualidades já mencionadas); tatu; *kuaxi* (quati); *xivi para* (onça pintada); *xiviũ* (onça preta); *kuriju* (sucuri); *mboi* (cobra) diversas espécies não venenosas; *tukã* (tucano); *jaku* (jacu); *parakau* (papagaio); *nhambu*; *urukoreai* (espécie de coruja); *maino* (colibri); *urui* (galinha silvestre).

Entre os peixes bons (*pira porã*), ou permitidos: *nhundya* (bagre, peixe com barba); *pirarai* (tainha, peixe com dente); *pikyi* (lambari); *pirati* (peixe branco); *carpa* (somente as brancas).

Conforme explicação de alguns Mbya, Anhã quis ser mais criativo que Nhanderu, inventar mais coisas. Para tanto, baseou-se nas criações de Nhanderu, exagerando suas formas e cores.

Entre as plantas, Anhã "inventou" as raízes coloridas como a beterraba, a cenoura. As verduras como a couve, o repolho e outras folhas são a imitação das plantas e ervas dos matos usadas como remédio. Também os palmitais, vários tipos de banana (como a nanica, a maçã) e o milho híbrido (*avaxi tupi*) são suas invenções. Frutos tais como manga, abacate, jaca, abacaxi, limão, várias espécies de laranja, e árvores como o eucalipto e alguns tipos de pinheiro também são de sua autoria.

Entre os animais de Anhã, estão sobretudo os ferozes, entre os quais as cobras venenosas, diversas aves e felinos. Incluem-se na sua lista os animais de criação do homem branco como galinhas, gado, porco, cavalo e os animais de outras regiões, que conhecem por fotos, filmes e visitas ao zoológico, como os leões, tigres, girafas e zebras.

Anhã criou ou inventou diversas criaturas da água e peixes impuros. São *pira vai* (peixes maus), ou peixes proibidos. Ele criou as carpas coloridas e todos os peixes, com formatos acentuados. Quando Anhã viu nhandu, aranha não venenosa criada por Nhanderu, ele a modificou para fazer surgir outros tipos na terra e inventou o caranguejo (*nhandu vai*). E assim ele criou o camarão, a lagosta...

> Anhã quis criar o maior peixe do mundo. Então ele pegou a carne de todos os peixes e até dos próprios corpos humanos. E pegava um pedaço da carne de cada peixe. Pegou depois das aves, das galinhas, dos porcos, das cobras, e assim juntou a carne de vários animais que não deveriam ser misturados. E assim criou o maior peixe do mundo. (Davi, 1990)

Essa foi forma que Anhã encontrou para criar o cação, o tubarão, as baleias.

8
Comentários finais

A visão do mundo atual, o julgamento que os Mbya fazem de si mesmos e do comportamento dos brancos, transparecem nitidamente nos seus discursos e preces.

Transcrevemos alguns deles, colhidos em diversas aldeias, que resumem o pensamento mbya contemporâneo.

> Antigamente, nossos antigos avós ensinavam: Nhanderu Tenonde iniciou a construção do mundo. Ele começou a fazer o mundo, mas não criou todas as coisas. Depois ele foi embora. Ele fez tudo e foi para o céu, para o seu lugar, deixando seu filho Kuaray. Depois, disse ao seu filho: – Pois você gerará também para todos que vão estar na terra, para todos, para todos. Pois nossos filhos que estão no mundo não podem brigar. Cada um deve gostar do outro e cada um deve mostrar alegria para com o outro. (D. Maria, aldeia Boa Esperança, 1988)

Esse depoimento foi gravado em guarani, durante o dia, na casa de rezas da aldeia, num momento em que d. Maria, dirigente espiritual de grande ascendência entre os Mbya do litoral,[1] encontrava-se triste e

---

[1] O movimento migratório de d. Maria e seus descendentes compõe o mito "Oguata Porã", narrado por Davi no capítulo 7.

preocupada com vários acontecimentos que ocorriam em sua aldeia: separações de casais, pouca participação nas rezas noturnas, duas mortes súbitas inexplicáveis.

FIGURA 33 – Maria Carvalho, Aldeia Boa Esperança, ES, 1988.

FIGURA 34 – Maria Carvalho e João dos Santos, Aldeia Boa Esperança, ES, 1988.

Sua grande preocupação, que talvez justificasse esses acontecimentos, era a atração que os bens de consumo dos brancos exercem, sobretudo nos jovens. Há cerca de um ano, a aldeia passara a ter luz elétrica, e a televisão, que havia em algumas casas, conquistava cada vez mais um público maior.

D. Maria começa seu discurso se remetendo à origem do mundo, para relembrar as criações feitas, por Nhanderu e Kuaray, para os Mbya.

No mundo povoado por brancos e índios, d. Maria deixa claro que a conciliação e o entendimento passam, necessariamente, pela cordialidade e pela manutenção das diferenças de costumes e tradições.

> Todos os brancos e todos os "filhos caçulas" de Nhanderu (os Mbya) vivem hoje no mundo, todos. Mas as pessoas (os brancos e os Mbya) não devem se estranhar. Devem se entender, todos.
>
> Depois, Nhanderu Tenonde disse ao seu filho Kuaray: – Agora, todas as coisas já foram criadas; você gerou o mel, os matos – ... Ele falou: – Pela beirada dos matos os nossos filhos legítimos viverão. E nossos filhos Guarani, todos os Guarani não devem se misturar com os outros (jurua). Todos os Guarani devem permanecer juntos (unidos). Todos os Guarani.
>
> Cada aldeia (tekoa) deverá ter suas plantações; todos devem plantar milho, plantar mandioca, plantar batata-doce ... Enquanto isso cada um vai à procura do mel, todos, no mato, e com o mel todos se alimentarão. E com os alimentos gerados do plantio, misturados com o mel, vão se alimentar. E também com as coisas provenientes do céu (*yva amba*): *vapyntã* (coquinho do *pindo etei*), palmito do *pindo*, guavira, jarakaxia... Nossos filhos, nossos filhinhos Guarani deste mundo, todos vão se alimentar desses alimentos.
>
> Nhanderu Tenonde diz: – A palavra do jurua, a palavra do jurua não deve ser seguida, meus filhos caçulas. O sistema do jurua (*jurua rekopa*) não deve ser seguido. Não, meus pequenos filhos.
>
> Nhanderu Tenonde diz: – Os jurua não podem brigar com vocês nem vocês podem chamá-los à briga, meus filhos. Pois assim Nhanderu falou. E isso nós (os Mbya) estamos cumprindo na Terra. Pois Nhanderu, na verdade, enganou os brancos. Deu a eles tudo o que era de valor (refere-se a dinheiro, tecnologia). E disse assim: – Nós vamos ter que dar essas coisas aos brancos e não dar essas coisas aos nossos filhos legítimos (Guarani). Porque se dermos essas coisas aos nossos filhos caçulas, nossos filhos caçulas vão acabar. E vai acabar um de cada vez. E Nhanderu Tenonde diz que disso vai "depender a permanência da Terra". Pois se os

filhos caçulas desaparecerem da Terra, se desaparecerem os nossos filhos da Terra, isso vai apressar a destruição do mundo.

Nhanderu Tenonde falou assim: – Se os brancos acabarem mesmo com os nossos filhos caçulas, assim vai apressar de vez o fim da terra. E o mundo vai acabar mesmo. Se nossos filhos caçulas forem destruídos pelos brancos, acabará, acabará o mundo. O mundo vai acabar, será o fim do mundo (*yvy opa*).

Nhanderu diz que construiu o mundo para seus filhos e não construiu esse mundo para os brancos. E por nós, por nossa causa Nhanderu não destrói o mundo. Então, se o branco acabar com o Guarani, o mundo vai sumir mesmo. Nhanderu falou assim: – O mundo que fizemos não foi feito para o branco. Pois o fizemos para os nossos filhos. Então, o branco não deve maltratar o índio, os nossos filhos legítimos. Se isso acontecer o mundo acaba, o mundo acaba, vai desaparecer.

D. Maria enfatiza a responsabilidade dos Guarani com relação à "permanência da terra". Sem a sua presença, o mundo não tem razão de ser. Se Nhanderu construiu esse mundo para os Mbya, qual a razão deste mundo continuar existindo sem seus filhos? Mas sua crítica estende-se também aos brancos, que não compreendem esse fato tão elementar e, não bastando invadir o mundo mbya, querem tomá-lo com exclusividade para si.

D. Maria prossegue seu discurso reforçando as normas da convivência. Os Mbya, enquanto minoria e conhecedores das regras do mundo, não devem brigar com aqueles que são maioria. Eles têm a responsabilidade de continuar existindo. E sabem o que um enfrentamento direto significa.

Os Mbya têm ainda a consciência precisa de que se misturar com o branco é o meio mais eficaz de se acabarem.

> Todos vão ter que gostar um do outro (branco e índio). Foi para isso que surgiu o branco: se o índio pede alguma coisa para o branco, o branco tem que arrumar (dar). Não pode ter ciúmes das suas coisas. Pois Nhanderu falou assim antigamente: – Um e outro não devem se estranhar. Os nossos filhos caçulas não devem brigar com os outros. Nhanderu deu este conselho: nossos filhos legítimos (Guarani) não devem se misturar com o branco. As nossas filhas caçulas não devem se misturar (casar) com os brancos, pois Nhanderu não quer. Pois nossas filhas e nossos filhos legítimos, reunidos no mundo, deverão ficar juntos.

O caminhar sob a luz

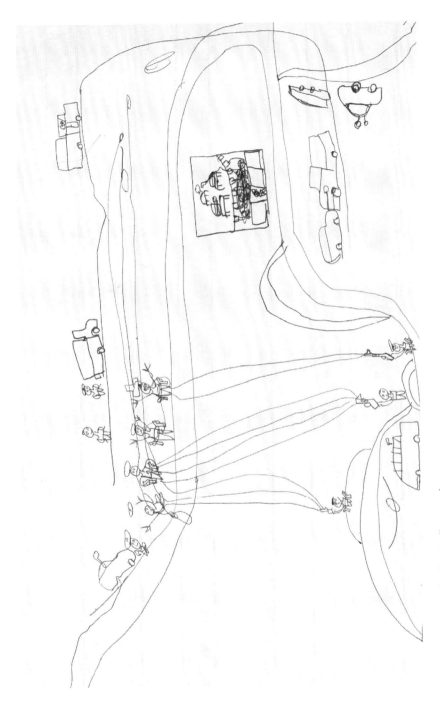

FIGURA 35 – A rua dos Jurua (brancos).

FIGURA 36 – "Cidade" (Joana).

Os homens e mulheres enviados por Nhanderu ao mundo não devem se misturar aos brancos. Em cada lugar (tekoa) deve se fumar o cachimbo, pois o fumo foi deixado no mundo por Nhanderu.

Para nós o alimento é milho, *kagüyjy* (chicha de milho), beju, *avaxikui* (farinha de milho) ... Nhanderu deixou essas coisas para nós, no mundo. Nhanderu falou assim: – Minhas filhas foram enviadas ao mundo para que elas se lembrem do lugar de onde vieram, se lembrem de nossos ensinamentos. Para isso nós vamos mandar nossas filhas. Mas elas não podem se misturar com o jurua. Pois Nhanderu não ensinou isso (que as mulheres se casem com o jurua). Pois Nhanderu falou assim: – Do branco não se deve aumentar. Pois de nós mesmos (*nhande meme*) é que podemos procriar (aumentar), pois assim Nhanderu nos deixou. Nhanderu Tenonde, nosso primeiro pai, assim falou aos seus filhos.

No fim de seu depoimento, d. Maria volta a criticar o comportamento atual dos Guarani, e os seus "erros", que podem levar ao "fim do mundo". Ao mesmo tempo, atribui a continuidade da Terra àqueles que resistem e fazem suas danças e cantos na *opy*.

Nhanderu criou o algodão, para que do algodão o Guarani fizesse suas roupas. E agora nós não usamos mais o que Nhanderu deixou, pois usamos o que não é nosso. E nós esquecemos de tudo o que era nosso. Isso mostra que nós mesmos estamos errados. Algumas pessoas vão aos bailes, por isso já se afastaram bastante dos nossos ensinamentos (*nhande reko*). Mas alguns filhos caçulas estão fazendo suas próprias danças na *opy* (casa de rezas). Mas não são todos. Por causa disso o mundo está se modificando. Se o mundo tiver que acabar, se o mundo quiser sumir, vai sumir de repente. Eu estou contando isso.

Nas narrativas míticas, as observações críticas que as permeiam não interferem nem afetam a sua estrutura, nem o fundamento de seus preceitos.

Nos discursos, preces e depoimentos pessoais, o conteúdo crítico aparece com toda a nitidez. Entretanto, quando esses dizeres são espontâneos e dirigidos à comunidade, demonstram uma visão fortemente autocrítica sobre a conduta dos Mbya. Esses discursos sempre se remetem aos mitos de origem, o que indica que, a despeito de todas as transformações do mundo, a referência, para a avaliação das transgressões e da obediência, ainda são os ensinamentos originais.

Quando se trata de conversas com os de fora (brancos) – amigos, pesquisadores –, a crítica, veemente, se direciona aos brancos. O teor dessas conversas vacila entre acusações contundentes, fina ironia e hipóteses explicativas.

A fala de seu João da Silva, cacique Vera Miri da aldeia de Bracui (Litaiff, 1991, p.115-6), traduz bem o espírito controvertido da sua crítica. Refere-se ao novo "fim do mundo", que ocorreria, conforme afirmam vários Mbya, no ano 2000. A Usina Nuclear (Angra 1), que fica bem próxima à aldeia do Bracui, aparece nos discursos dos índios dessa região como o fator desencadeador da destruição do mundo. Essa aldeia tem exercido, nos últimos anos, um misto de atração e temor, pois é em suas imediações que se dará início ao fim do mundo e, portanto, da "salvação" (que significa a ultrapassagem, com corpo e alma, à *yvy maraëy*) ou da condenação (a destruição pela morte para aqueles que não superarem as provas).

> O primeiro terminou com água, este aqui marcaram pra ser com fogo; Deus vai resolver o momento certo, nós não sabemos, ele que sabe tudo. O branco estudou, sabe escrever, já sabia que o mundo vai acabar com fogo, então disse, "vamos fazer a Usina Nuclear o quanto antes pra tudo terminar logo com fogo". Essa Usina é a fábrica do branco, não de Deus. Então Deus sabia que o jurua iria acabar com o mundo fazendo Usina. Ele falou que vai deixar assim. O branco não conhece a terra do índio, construiu Usina onde pedra não é firme, Itaorna. Então se o Deus quer que nós morra tudo no Brasil, então vai deixar, vai acontecer; não adianta correr. Então o índio fica tranquilo, não tem mais medo; os que têm medo já correram tudo, foram lá pro Espírito Santo. Eu não tenho medo, pra quê? O Luís, vice-cacique, não tem medo do fogo, tá até fumando (risos). Daqui a cinco anos o senhor vai ver, vai tremer assim o mar, muito barulho, vai tremer tudo, água vai fazer barulho, roncar bastante. Então vai vir guarda, polícia com armamento, mas não vai adiantar nada. Tem muito que vai dizer pra mim, "esse cacique velho tá louco"; mas é certo, o que nós vamos fazer? Nem casa, edifício, vai adiantar; nem avião, nem navio. Outros vão dizer, "esse cacique tá louco, trouxe parente pra perto da Usina"! Nhanderu disse para Kuaray, "tá certo, esse mundo tá pronto; agora vai embora que eu vou acabar tudo com fogo". Talvez pode dar pra consertar fábrica novamente. O índio tem que rezar bastante, tem que se preparar. Vem muito índio lá do Paraguai e da Argentina, mas o nosso governo

parece que não reconhece, não pergunta por que veio. O índio nunca falou, mas *ele veio por causa do mar*, porque o mundo vai acabar. A gente não sabe qual é o mato, qual é a serra que vai acabar, nós não sabemos; aí tem que ficar perto do mar pra saber se vai ter muita água. Não tem problema, se Deus quiser que escape, pode ficar perto do mar. Se o Deus enxergar que o branco não é bom pro índio, não tem amizade, aí vai castigar, o juruá vai tudo morrer.

Na sequência, a fala de Luís, vice-cacique, reforça a crítica de João da Silva, mas sem a tranquilidade de quem possui a certeza de conseguir se "salvar" que transparece na sutil ironia de João da Silva, cacique e líder espiritual da aldeia.

Com sua reflexão, Luís faz uma avaliação da situação também do ponto de vista dos interesses dos brancos e, na falta de alternativas, ao contrário do cacique que "está com Deus", afirma que poderá tentar utilizar os mecanismos de salvação dos brancos.

Hoje, índio tem vergonha de ser índio, não quer mais *tembetá*, não fuma tanto o *petynguá* no sistema antigo; tá tudo acabando pra nós, não tem mais jeito. Sem sistema do Mbya, vai acabar tudo. Quando vim pra cá tinha muito medo da Usina, hoje acostumou. Até o pessoal branco fala muito dessa Usina. Diz que se estourar, qualquer coisa assim, acaba com pedaço do Brasil. Se explodir, Deus quer, eu acho assim. É, Usina atrapalha, dá um pouco de medo; não penso em sair daqui ainda. Minha família deseja ser pura pra sempre, não quer viver como branco; mas comida tá acabando, como vamos viver? Eu até achava melhor acabar tudo logo. Toda a vida, todas as coisas estão cada vez mais piorando, mais pro índio; pra gente rica tá bom. Nós, índio Guarani, sabemos que o mundo vai durar até ano 2000 só, pra lá não passa. Vai ser com fogo. Antes foi água; agora vai ser o fogo que vai derrotar o pessoal. Vai começar um fogo no chão. Tem o branco que estuda que o mundo não acaba; mas nós sabemos que só dura mais dez anos. Então tem que rezar muito, não pecar, não fazer baile, pra se salvar. Mas acho que ninguém mais se salva, não vai pro paraíso e vai morrer tudo mesmo. Esta usina pode estourar, e ajudar a acabar com o mundo. Tem governador, o Presidente, promete que vai ajudar os índios; promessa toda vida foi grande, mas não sei! Quando chega na hora de mandar no Brasil, esquece tudo que prometeu. Pobres vão continuar pobres, que nem o índio. Eu não sei, o povo tá tudo contra a usina; mas o gerente da usina não quer que tire ela de lá porque tá fazendo dinheiro. Quem trabalha lá ganha. Se acabar como é que vai ganhar dinheiro? Vai ficar sem nada? Isso aí que eu tava pensando, não vão ficar sem o dinheiro. Agora se todo juruá sair correndo de lá da Usina, ninguém vai ficar mais ali, então eu vou correndo também, não vou ficar esperando. Aqui se estourar o que vai fazer? Não tem carro! Os índios tão com medo. O Cacique não tem medo, tá com Deus. Todas as armas não vão poder ajudar nada, o mundo está no fim.

A destruição do mundo, que está prestes a acontecer, é tema de assunto em várias aldeias. Na aldeia do Jaraguá-SP, o velho chefe da família, Joaquim Augusto Martim, falecido em 1991, definira, poucos anos antes de sua morte, como assistiria às enormes explosões, tal qual fogos de artifício, que poriam fim a esta terra. Sentaria em sua velha poltrona, que colocaria no Pico do Jaraguá, situado bem próximo de sua casa, rodeado de sua família, que com ele assistiria a esse evento.

No litoral do Paraná, e principalmente no de Santa Catarina, a agitação é mais intensa. Muitas famílias não definiram ainda o lugar onde deverão se assentar para se prepararem para esse acontecimento que definirá os rumos de um possível mundo novo para os Mbya.

Como pode se observar, as falas têm o mesmo conteúdo, mas oscilam quanto à forma de expressão.

Francisco Timóteo, nascido na Argentina, líder do tekoa da Pescada (Ilha das Peças-PR), tenta explicar, num português difícil, por que seu grupo se sujeita a uma forma de vida tão precária e sacrificada: "Aqui estamos só costurando, só remendando. Depois é só erguer".

De toda forma, a grande mágoa que sentem do juruá, e que fundamenta toda sua crítica, se dá em razão da apropriação e destruição das matas, causa do empobrecimento e falta de alternativas para os Mbya, Na verdade, quando os brancos chegaram no mundo dos Mbya, não se contentaram em compartilhar ou dividir com eles as criações de Nhanderu. Quiseram o mundo todo para eles, sem compreender que esse mundo havia sido criado para os Mbya. A falta de compreensão desta premissa, por parte dos brancos, bem como sua arrogância quando são condescendentes, realça todavia a condição inferior e ingênua dos brancos.

Conforme relata Davi:

> Nhanderu, nosso pai, diz:
>
> Quanto mais o mundo está envelhecendo, as coisas serão mais difíceis para os nossos filhos caçulas. Para os brancos as coisas se tornarão mais difíceis também, pois assim eles irão acabando com eles mesmos. Eu não contarei o dia, nem o que vou fazer pra este mundo. Quando o mundo estiver cheio de etava ekuéry (aqueles que são muito – os brancos), eu tomarei a decisão. Quando meus filhos caçulas não encontrarem mais lugar para fazer suas aldeias, então eu saberei o que fazer.

O poema/prece de Lorenzo Ramos (1984, p.27) reflete essa consciência, explícita ao nível do cotidiano, das atividades que são obrigados a desenvolver e aperfeiçoar para sua sobrevivência. Fala do artesanato em madeira (caixeta), em que diversas formas de animais são esculpidas com o maior esmero, para serem vendidas aos estrangeiros (brancos).

Esse poema é, na verdade um lamento em que se assumem, com pesar, como vítimas obrigadas a infringir as normas de Nhanderu, consumindo os alimentos "impuros".

> Ñamandú, Padre Verdadeiro, el Primero!
> Aqui estoy, condoliéndome otra vez;
> aquí estoy, por tanto, de una manera poco reservada, otra vez condoliéndome;
> para hacer con aquello que tocan mis cuencos de neblina
> (el centro de las palmas de las manos),
> con aquello que tocan las ramas floridas (dedos y uñas)
> de mis cuencos de neblina,
> simples imágenes de pequeñas lechuzas,
> de tigres horrorosos,
> de armadillos amarillos,
> de los comedores de venados (pumas),
> y toda clase de simples representaciones animales,
> pues los verdaderos están en los alrededores de tu paraíso.
>
> Para hacer canastillos adornados, verdaderos,
> canastos grandes,
> flautines de dulcísimos sones,
> flautas arracimadas,
> arcos de condición imperfecta,
> flechas imperfectas de puntas dentadas.

Solamente entonces, después de habérselas vendido a los extranjeros,
compraré un poco de carne,
un poco de azúcar,
un poco de sal saladísima
y de harina de maíz, imperfecta,
para comerlos junto com todos mis compatriotas,
sin excepción,
en torno a los pocos asientos de nuestros fogones,
nosotros, algunos poquísimos huértanos de tu paraíso
y que nos damos ánimo todavía los unos a los otros
para seguir permaneciendo en tu morada terrenal.
Después de habérselas vendido a los extranjeros (las tallas).
 ¡Escucha el clamor que te envío,
 Ñamandú, Padre Verdadero, el Primero!

Referências bibliográficas

ANDERSON, Norman F. Las formas del sentimiento en la socialización de los Ava (Chiripá) – Guarani. *Suplemento Antropológico (Asunción)*, v.XXII, n.1, 1987.

AUSTIN, Alfredo L. La construcción de la Memoria. In: _____. *La memória y el olvido*. México: INAH, 1983.

BERTONI, Moises. La civilización Guarani – *la higiene Guarani, la medicina Guarani*. Puerto Bertoni: Sylvis, 1927.

BOTT, Rosa Maria. *Levantamento etnográfico de um grupo Guarani*. Museu de Antropologia e Etnologia Brasileira. Florianópolis: Universidade Federal de Santa Catarina, 1975 (xerox).

CADOGAN, León. Los índios Jeguaká Tenondé (Mbyá) del Guairá, Paraguay, *América Indígena (México)*, v.VIII, n.2, 1948.

_____. La encarnación y la concepción; la muerte y la resurrección en la poesía sagrada "esotérica" de los Jeguakáva Tenondé Porá Gué (Mbya-Guarani) del Guairá, Paraguai. *Revista do Museu Paulista*. v.IV, 1952.

_____. Ayvu rapyta. Boletim n.227. *Antropologia* n.5, São Paulo: Universidade de São Paulo, 1959.

_____. Los Mbyá. In: *Las culturas condenadas*. Augusto Roa Bastos (org.), México: Siglo XXI, 1978.

CALIXTO, Benedito. Os primitivos aldeamentos indígenas e índios mansos de Itanhaém (1902). *Revista do Instituto Histórico e Geográfico de São Paulo*. v.VIII, 1905.

CARVALHO, Edgard de Assis. *Avá Guarani do Ocoi-Jacutinga*. CIMI/Comissão de Justiça e Paz/ANAI-PR, 1981.

CHEROBIM, Mauro. *Os Guarani do litoral do Estado de São Paulo* (estudo antropológico de uma situação de contato). São Paulo: FFLCH/USP, 1981 (xerox).

CLASTRES, Hélène. *A terra sem mal – o profetismo tupi-guarani*. São Paulo: Brasiliense, 1978.

CLASTRES, Pierre. *A sociedade contra o Estado*. 1.ed. Rio de Janeiro: Francisco Alves, 1978.

_____. La tierra imperfecta. In: *Literatura Guaraní del Paraguay*, Rubén Barreiro Saguier (org.). Caracas: Biblioteca Ayacucho, 1980.

COSTA, Carlos Zibel. *Habitação Guarani – tradição construtiva e mitológica*. São Paulo: FAU-USP, 1989 (xerox).

DIERNA, Rosa Maria. Los Mbya Guarani de Misiones: un aborde crítico de la política indigenista. *Boletin del Grupo Internacional de Trabajo sobre Asuntos Indígenas (IWGIA) (Copenhagen)*, v.4, n.3/4, 1984.

DOOLEY, Robert. *Vocabulário do Guarani*. Brasília: Summer Institut of Linguistic, 1982.

ELIADE, Mircea. *Aspectos do mito*. Lisboa: Edições 70, 1963.

_____. *O mito do eterno retorno*. Paris: Gallimard, 1972.

_____. *Mito e realidade*. São Paulo: Perspectiva, 1986.

GALLOIS, Dominique. *O movimento na cosmologia Waiãpi*: criação, expansão e transformação do universo. São Paulo: FFLCH/USP, 1988 (xerox).

GOLDMAN, Frank. Artesanato dos índios do litoral sul. *Revista Anhembi (São Paulo)*, ano IX, v.32, 1959.

GUASCH, Antonio. *El idioma Guarani*. Buenos Aires: Ediciones del Autor, 1948.

KRONE, R. O aldeamento do rio Itariry. *Revista de Sciencia, Letras e Artes (Campinas)*, 1949.

LADEIRA, Maria Inês. Aldeias livres Guarani do litoral de São Paulo e da periferia da capital. In: *Índios no Estado de São Paulo*: resistência e transfiguração. YANKATU, Comissão Pró-Índio de São Paulo, São Paulo: 1984.

_____. Mbya Tekoa: O nosso lugar. *São Paulo em Perspectiva (São Paulo)*, v.3, n.4, Fundação Seade, 1989 (Ecologia e Meio Ambiente).

_____. *Yy Pau ou Yva Pau: Espaço Mbya entre as águas ou o caminho aos céus*, Curitiba: Centro de Trabalho Indigenista, 1990 (xerox).

LADEIRA, M. Inês, AZANHA, Gilberto. *Os índios da Serra do Mar – A presença Mbya Guarani em São Paulo*. São Paulo: Nova Stella/Centro de Trabalho Indigenista, 1988.

LÉVI-STRAUSS, Claude. *Mito e significado*. Lisboa: Edições 70, 1978.

LITAIFF, Aldo. *As divinas palavras*: representações étnicas dos Guarani-Mbya. Florianópolis: CCH/UFSC, 1991 (xerox).

MAACK, Reinhard. *Geografia Física do Estado do Paraná*. Rio de Janeiro: Livraria José Olympio /Secretaria da Cultura e do Esporte do Paraná, 1981.

MALINOWSKI, Bronislaw. *Magia, ciência e religião*. Lisboa: Edições 70, 1988.
MARTINS, Romario. *História do Paraná*. 3.ed. s. l.: Guaíra Ltda., 1939.
MELATTI, Julio Cezar. *Índios do Brasil*. 5.ed. Brasília: Hucitec, 1987.
MELIÁ, Bartomeu. El "modo de ser" Guarani en la primera documentación jesuítica (1594-1639), *Revista de Antropologia*. v.24, 1981.
_____. A experiência religiosa Guarani. In: _____. *O rosto índio de Deus*. São Paulo: Vozes, 1989.
_____. A terra sem mal dos Guarani: economia e profecia. *Revista de Antropologia (São Paulo)*, v.33, p.33, 1990.
MÉTRAUX, Alfred. Migrations historiques des Tupi-Guarani, *Journal de la Sociéte des Américanistes (Paris)*, N. S. XIX, 1927.
MONTOYA, Padre A. Ruiz. *Vocabulario y tesoro de la lenga Guarani*. Viena, Paris: Faesy Fuck, Maison Neuve, 1976 [1639].
_____. *Conquista espiritual*. Porto Alegre: Martins Livreiro Editor, 1985 [1892].
NIMUENDAJU, C. *Lenda da criação e do juízo final do mundo como fundamento da religião dos Apapocuva-Guarani*. São Paulo: Hucitec/Edusp, 1987 [1944].
PIRES, M. Lígia Moura. *Guarani e Kaingang no Paraná – um estudo de relações inter-tribais*. Brasília: Universidade de Brasília, 1975 (xerox).
RAMOS, L. e B., MARTINEZ, A. *El canto resplandeciente: plegarias de los Mbyá--Guarani de Misiones*. Carlos G. Martinez (org.), Buenos Aires: Ediciones Del Sol, 1984.
SAGUIER, Rubén B. *Literatura Guarani del Paraguai*. Caracas: Biblioteca Ayacucho, 1980.
SCHADEN, Egon. Caracteres específicos da cultura Mbyá-Guarani. *Revista de Antropologia (São Paulo)*, v.11, n.1 e 2, 1963.
_____. *Aculturação indígena*. São Paulo: Pioneira/Edusp, 1969.
_____. *Aspectos fundamentais da cultura Guarani*. 3.ed. São Paulo: E.P.V./Edusp, 1974.
_____. A religião Guarani e o cristianismo – Contribuição ao estudo de um processo histórico de comunicação intelectual. *Revista de Antropologia (São Paulo)*, v.25, 1982.
SCHMIDEL, Ulrico. *Relatos de la conquísta del Rio de La Plata y Paraguai 1534-1554*. Madrid: Alianza Editorial, 1986.
SCHMITZ, I. Paradeiros Guarani em Osório (RS). *Pesquisa (Porto Alegre)*, n.2, separata, IAP, 1958.
_____. Os primitivos habitantes do Rio Grande do Sul. *Anais do Simpósio Nacional de Estudos Missioneiros*, Porto Alegre: 1978.
SIMONIAN, Lígia. *Informe sobre a ocupação e condições de vida dos Guarani da Ilha da Cutinga, Paranaguá/PR*. Coordenadoria de Terras Indígenas/SG/MIRAD, 1986a (mimeo.).
_____. *Notícia sobre a questão da terra e as condições de vida dos Guarani e mestiços do Morro dos Cavalos/Palhoça/SC*. Brasília: C.T.I./SG/MIRAD, 1986b (mimeo.).
STADEN, Hans. *Duas viagens ao Brasil*. Belo Horizonte: Itatiaia/Edusp, 1974.

STRAUSS, Claude Lévi. Quando o mito se torna história. In: *Mito e Significado*. Lisboa: Edições 70, 1978.

SUSNIK, Branislava. *Los aborigenes del Paraguay*. v.II. Asunción: Museo Etnografico Andre's Barbero, 1980.

VALLE, Lilia. *Considerações sobre o parentesco Pai*. Funai, 1976 (mimeo.).

_____. Índios Guarani do litoral: histórico. In: _____. *Aldeias Guarani do litoral de São Paulo*. São Paulo: Centro de Trabalho Indigenista, 1983.

VIEIRA DOS SANTOS, Antonio. *Memória histórica da cidade de Paranaguá e seu município*. v.I, 1850. Curitiba: Museu Paranaense, 1952.

VIVEIROS DE CASTRO, E. *Araweté, os deuses canibais*. Rio de Janeiro: Jorge Zahar/Anpocs, 1986.

VIVEIROS DE CASTRO, E., CARNEIRO DA CUNHA, M. *Vingança e temporalidade: os Tupinambá*. ANPOCS, 1988 (mimeo.).

ZARATE, B. Vargas. Ley n° 904/81 "Estatuto de las comunidades indígenas", un servicio para su aplicación práctica. Asunción: Servicios Professionales Socio--Antropológicos y Jurídicos, Correo Comercial, ano III, n.891/92/94/95/97, 1987.

Anexo

1
Terminologia de parentesco

(Levantamento preliminar)

Legenda	
P = pai	F = filho
m = mãe	f = filha
I = irmão	E = esposo
i = irmã	e = esposa

Consanguinidade

RU = (P)
RUVY = (IP)
JAIXE = (iP)
XY = (m)
TUTY = (Im)
XY' Y = (im)
AMÓI = (PP; Pm)
JARYI = (mP; mm)

Ego feminino

RYKE = i; fim; fiP; fIm; fIP – mais velhas do que EGO
KYPY = i; fim; fiP; fIm; fIP – mais novas do que EGO
KYVY = I; Fim; FiP; FIm; FIP
MEMBY = f; fi; fI
PIA = F; Fi; FI
EMEARIRÕ = ff; fF; Ff; FF

Ego masculino

RYKEY = I; FIP; FiP; Fim; Fim – mais velhos do que EGO
RYVY = I; FIP; FiP; Fim; Fim – mais novos do que EGO
RENDY = i; fIP; fiP; fIm; fim
RAY = F; FI; Fi
RAJY = f; fI; fi
JAXIPE = fI; fi
AMYMINO = FF; Ff: fF; ff

Afinidade

Ego feminino

ME = E
MEXY = mE
MERU = PE
MEMBY ME = Ef
PIA RAYXY = eF
OVAJA = iE; IE; eI; Ei; eIP; EiP; Eim; eIm

Ego masculino

RAYXY = e; mF; mf
RAYXYRU = Pe
RAIXO = me
RAJY ME = Ef
RAY RAYXY = eF
OVAJA = Ie; Ei; eI; ie; eIP; EiP; Eim; eIm

Observações

1) XEE = EU; XE = MEU.

2) A' I = Minha mãe; termo vocativo empregado tanto por ego masculino quanto por ego feminino.

3) Os(as) filho(as) de meu pai, ou de minha mãe, com outros cônjuges são meus irmãos(ãs).

4) Os filhos dos irmãos e irmãs do meu pai e de minha mãe são meus irmãos.

5) TUJA = VELHO, na sequência do termo *KYVY* TUJA, designa o(s) irmão(s) mais velho(s) de EGO feminino.

6) VAIMĨ = VELHA, na sequência do termo *RENDY* VAIMĨ, designa a(s) irmã(s) mais velha(s) de EGO masculino.

7) KYRĨ = pequeno, novo. Os filhos dos meus irmãos(ãs) são meus "filhos menores": xe memby kyrĩ ou xe pia kyrĩ para ego feminino, e xe rajy kyrĩ ou xe ray kyrĩ para ego masculino. Se EGO for mais novo chamará os filhos de seus irmãos(ãs) não mais de "filhos menores", mas de irmãos.

8) EGO feminino poderá chamar seu filho de PIA ou de MEMBY AVA.

9) EGO masculino poderá chamar a filha de seu irmão, ou de sua irmã, de RAJY KYRĨ ou de JAXIPE.

10) REMBIREKO refere-se à esposa com quem não se teve filhos.

11) IRŨ é termo que designa amigo(a), parceiro(a), companheiro(a).

12) A filha mais velha da esposa com outro parceiro é também chamada por ego masculino de xe rayxy irũ, que quer dizer "companheira da minha esposa" (ou da mãe de meu filho), com a qual ego também pode procriar.

13) EMEARIRÕ são os filhos(as) de todos aqueles que se incluem na categoria de filhos(as) de ego feminino. Emprega-se também genericamente para outros descendentes.

14) AMYMINO são os filhos(as) de todos aqueles que se incluem na categoria de filhos(as) de EGO masculino. Emprega-se também genericamente para outros descendentes.

15) AMÓI e JARYI (avós) também são termos usados genericamente para se referir às pessoas idosas ou experientes. Aos pais dos avós EGO poderá chamar XE RAMÓI GUAXUI ou XE JARYI GUAXUI.

16) ANGA é empregado por EGO masculino e feminino para designar "enteados". Por exemplo: xe pia ranga e xe memby ranga (filhos do meu marido com outra parceira); xe ray ranga e xe rajy ranga (filhos da minha esposa com outro parceiro). O termo ANGA também é usado para designar madrasta (aquela que sendo esposa do meu pai não é minha mãe) = xy ranga.

17) OVAJA é termo de afinidade que parece ser empregado indistintamente tanto por ego masculino quanto por ego feminino. Refere-se a todos os afins (com exceção daqueles aos quais ego designa por ANGA) com quem se pode procriar e estabelecer relações de reciprocidade através dos casamentos.

Terminologia de parentesco consanguinidade

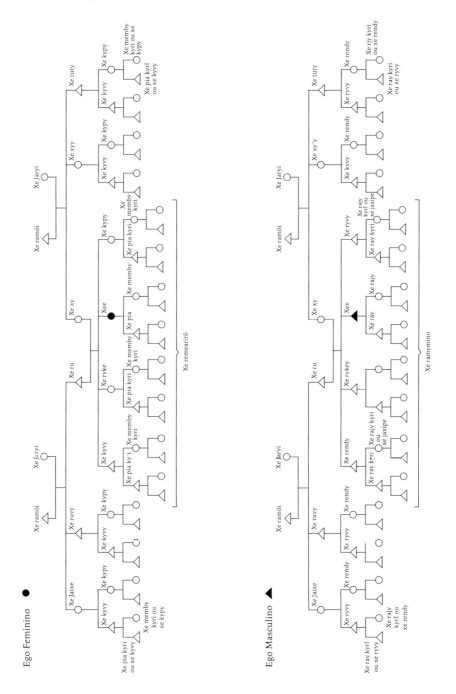

Terminologia de parentesco afinidade

Ego Feminino

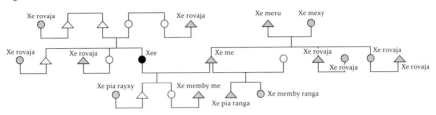

Ego Masculino

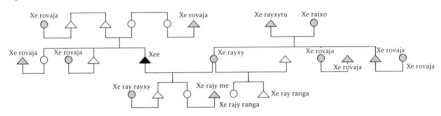

2
Nomes-almas: aldeia do Aguapeú (1990)

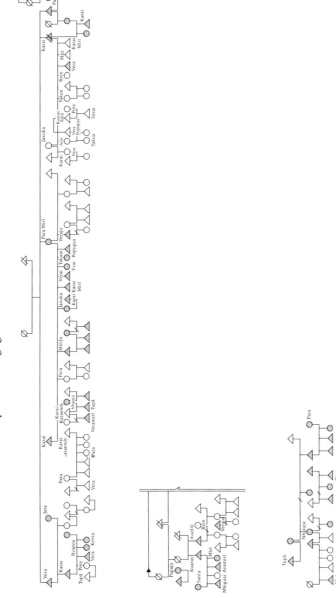

3
Genealogia: aldeia do Aguapeú

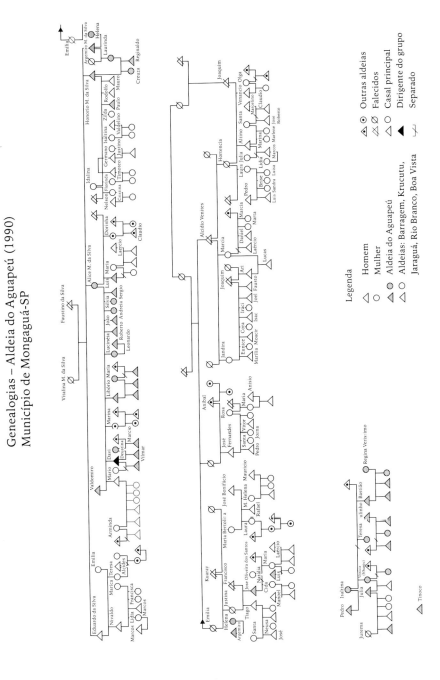

4
Território guarani – 2004

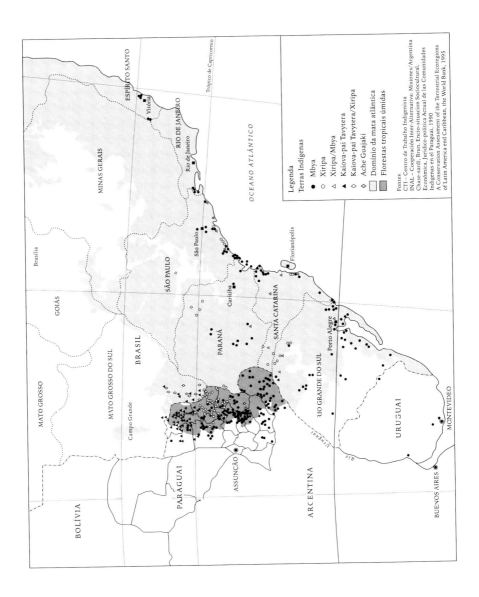

5
Terras guaranis no litoral habitadas por famílias nucleares e extensas (2006)

Aldeia	Grupo predominante	Área (ha)	Situação fundiária	Município	UF
Água Grande (Ka'a mirïdy)	Mbya	165,34	Dec. Estadual de Desapropriação n° 40482 de 29/11/00.	Camaquã	RS
Pacheca	Mbya	1852,2050	Homologada Dec. s/n° de 01/08/00. Reg. SPU em 15/01/01.	Camaquã	RS
Velhaco	Mbya			Tapes	RS
Coxilha da Cruz (Porã)	Mbya	202,11	Desapropriada Dec. Estadual de Desapropriação n° 40481, 29 de novembro de 2000.	Barra do Ribeiro	RS
Passo da Estância	Mbya			Barra do Ribeiro	RS
Passo Grande	Mbya			Barra do Ribeiro	RS
Ponta da Formiga	Mbya			Barra do Ribeiro	RS
Lomba do Pinheiro (Anhetengua)	Mbya	10	Área adquirida	Porto Alegre	RS
Cantagalo (Jataity)	Mbya/Xiripa	286	MJ – Port. n° 1958 de 27/11/03. Data DOU 28/11/03.	Viamão / Porto Alegre	RS
Estiva (Nhuündy)	Mbya/Xiripa		7 ha cedidos pela Prefeitura Municipal de Viamão, em 1998.	Viamão	RS
Itapuã (Pindo Mirim)	Mbya/Xiripa		21 ha cedidos pelo Estado	Viamão	RS
Rio Capivari (Porãy)	Mbya			Capivari do Sul	RS
Capivari (Yryapu)/ Granja Vargas	Mbya	43,3215	Homologada Dec. s/n° 18/04/01. Data DOU 19/04/01. Reg. SPU em 08/01/03.	Palmares do Sul	RS

continuação

Aldeia	Grupo predominante	Área (ha)	Situação fundiária	Município	UF
Varzinha (Ka'agüy Paü)	Mbya	776,2761	Homologada. Dec s/n° de 10/02/03. Data DOU 11/02/03. Reg. SPU em 16/09/03.	Maquiné / Caraá	RS
Barra do Ouro (Nhuü Porã)	Mbya	2266,5278	Homologada. Dec. s/n° de 18/04/01. Data DOU 19/04/01. Reg. SPU em 04/06/02.	Maquiné / Caraá/ Riozinho	RS
Riozinho (Itapoty)	Mbya		12 ha cedidos pelo Estado, em 1999.	Riozinho	RS
Campo Bonito (Guapo'y Porã)	Mbya/Xiripa			Torres	RS
TI Cachoeira dos Inácios (Marangatu)	Mbya	80	Aquisição (gasotudo) Port. n° 856/PRES, de 29/09/99 – Delega FUNAI representante da Escritura de Doação. Reg. CRI – Imaruí (1999).	Imaruí	SC
Massiambu	Mbya		5 ha sub júdice.	Palhoça	SC
Morro dos Cavalos (Tekoa Yma)	Mbya/Xiripa	1988	Identificada. Parecer Funai n° 201/PRES de de 17/12/02. Publicado no DOU 18/12/02.	Palhoça	SC
Praia de Fora	Xiripa			Palhoça	SC
Cambirela	Xiripa			Palhoça	SC
Mbiguaçu	Xiripa/Mbya	59,1982	Homologada. Dec. de 05/05/03. Publicado no DOU 06/05/03. Reg. SPU, 2003.	Biguaçu	SC
Piraí (Tiaraju)	Mbya		Em Identificação, Port. da FUNAI n° 428/PRES de 15/05/03.	Araquari	SC
Tarumã (Corveta)	Mbya		Em Identificação, Port. da FUNAI n° 428/PRES de 15/05/03.	Araquari	SC
TI Pindoty A. Pindoty A. Jabuti-cabeira A. Conquista (Yvapuru)	Mbya Mbya Mbya		Em Identificação, Port. da FUNAI n° 428/ PRES de 15/05/03 e Port. n° 634/PRES de 30/06/03.	Araquari/ Balneário Barra do Sul	SC

continuação

Aldeia	Grupo predominante	Área (ha)	Situação fundiária	Município	UF
Morro Alto (Laranjeiras)	Mbya		Em Identificação, Port. da FUNAI n° 428/PRES de 15/05/03.	São Francisco do Sul	SC
Tapera (Figueira/Araçá)	Mbya			São Francisco do Sul	SC
Garuva	Mbya			Garuva	SC
Yakã Porã	Mbya			Garuva	SC
Sambaqui	Mbya			Pontal do Paraná	PR
Ilha da Cotinga (Jakutinga)	Mbya	1.701	Homologada pelo Dec. s/n° de 16/05/94.	Paranaguá (Ilha da Cotinga e Rasa da Cotinga)	PR
Morro das Pacas	Mbya			Guaraqueçaba (Ilha do Superagui)	PR
CercoMbya Grande				Guaraqueçaba	PR
Ilha do Cardoso (Yvyty – Cardoso) Parapaũ Pakurity)	Mbya		Identificada pela comunidade	Cananeia (Ilha do Guarani	SP
Rio Branco de Cananeia	Mbya		Identificada parcialmente pela comunidade Guarani	Cananeia	SP
Itapitangui	Mbya			Cananeia	SP
Jacarei	Mbya/Kaiova			Cananeia	SP
Porto Cubatão (Pirai)	Mbya			Cananeia	SP
Pindoty	Mbya		Identificada parcialmente pela comunidade Guarani	Pariquera-Açu	SP
Subaúma (Guavira)	Mbya			Iguape	SP
Jureia (Yvyty Mirĩ)	Mbya/Kaiova			Iguape	SP

continuação

Aldeia	Grupo predominante	Área (ha)	Situação fundiária	Município	UF
Paraíso	Xiripa			Iguape	SP
Sete Barras (Peguaoty)	Mbya			Sete Barras	SP
Miracatu (Uruity)	Mbya			Miracatu	SP
Sta. Rita 1 Amba Porã	Mbya			Miracatu	SP
Sta. Rita 2	Xiripa			Miracatu	SP
TI Serra do Itatins A. Rio do Azeite A. Capoeirão Xiripá	Xiripa Mbya	1.212,47	Homologada Dec. n° 94.225 de 14/04/87. Reg. SPU 09/09/98.	Itariri	SP
Piaçaguera	Xiripa	2795	Identificada. Parecer FUNAI n° 202/PRES, de 20/12/02. DOU 23/12/02.	Peruíbe	SP
TI Peruíbe (Bananal)	Xiripa	480,4737	Homologada Dec. s/n° de 16/05/94.	Peruíbe	SP
Rio Branco (Yy xi ˜)	Mbya	2856,10	Homologada Dec. n° 94.224 de 14/04/87.	Itanhaém/ S. Vicente/ São Paulo	SP
Itaóca (Tekoa Porã)	Xiripa/Mbya	533	MJ – Port. n° 292 de 13/04/00.	Mongaguá	SP ~
Aguapeú	Mbya	4.372,2599	Homologada Dec. s/n° de 08/09/98.	Mongaguá	SP
Paranapoã/ Xixova Japuí	Xiripa/Mbya			S. Vicente	SP
Krukutu (Pyau)	Mbya	25,88	Homologada Dec. n° 94.222 de 14/04/87. Revisão de limites Port. 735/PRES de 05/08/02.	São Paulo e S. Bernardo do Campo	SP ~
TI Barragem/ Morro da Saudade (Tenonde Porã)	Mbya	26,3	Homologada Dec. n° 94.223 de 14/04/87. Revisão de limites Port. 735/PRES de 05/08/02.	São Paulo	SP

continuação

Aldeia	Grupo predominante	Área (ha)	Situação fundiária	Município	UF
Jaraguá	Mbya	1,7	Homologada Dec. nº 94.221 de 14/04/87. Revisão de limites Port. 735/PRES de 05/08/02.	São Paulo	SP
TI Ribeirão Silveira (Moroti)	Xiripa/Mbya	948,40 (área homologada) 8.500 (revisão de limites)	Homologada Dec. nº 94.568 de 08/07/87. Revisão dos limites. Parecer FUNAI nº 204/ PRES 26/12/02. DOU 03/01/03.	São Sebastião/ Bertioga/ Salesópolis	SP
Corcovado/ Renascer	Xiripa			Ubatuba	SP
Boa Vista do Sertão do Promirim (Jaexa Porã)	Mbya	906,3886	Homologada Dec. s/nº de 26/10/00.	Ubatuba	SP
Araponga/ Patrimônio	Mbya	213,2033	Homologada Dec. s/nº de 03/07/95.	Parati	RJ
Parati Mirim (Porã Marãey)	Mbya	79,1997	Homologada Dec. s/nº de 05/01/96.	Parati	RJ
Rio Pequeno	Kaiova		8 ha adquiridos pela comunidade	Parati	RJ
Bracuí (Sapukai)	Mbya	2127,8664	Homologada Dec. s/nº de 03/07/95	Angra dos Reis	RJ
Serra do Caparaó	Mbya			Dores do Rio Preto e Divino São Lourenço	ES
TI Caieiras Velha – Tupiniquim e Guarani A. Três Palmeiras A. Boa Esperança	Mbya	2997,2533	Homologada Dec. nº 88926 de 27/10/83. Ampliada Superfície Dec. s/nº 11/12/1998.	Aracruz	ES
TI Caieiras Velhas II A. Piraquê-Açú	Kaiova/Mbya	57,69	Homologada Dec. de 19/04/04. Data DOU 20/04/04	Aracruz	ES

6
Aldeias guaranis no litoral

Situação fundiária em 1991, levantamento feito na década de 1980

Aldeia	Grupo Dominante	Ocupação Atual	Área (ha)	Situação Fundiária	Município	UF
Boa Esperança PI Caieiras velha (Nharõ Opy)	Mbya	▲	1.519 (área total PI)	Reserva indígena tupiniquim e guarani demarcada em 1983.	Aracruz	ES
Itatinga PI do sertão do Bracuí (Itati = pedra branca)	Mbya	▲	1.520 área proposta pela comunidade e CTI	700 ha identificados pela Funai em 1983 em processo de demarcação.	Angra dos Reis	RJ
Ilha Grande	Mbya	●			Angra dos Reis	RJ
Araponga Patrimônio	Mbya	▲	225,35 – área identificada pela comunidade e CTI	60 ha identificados pela Funai em 1983.	Parati	RJ
Parati Mirim	Mbya	■			Parati	RJ
Boa Vista Pro Mirim (Tekoa Jaexa Porã)	Mbya	▲	801	Homologada em 1987. Demarcada – Decreto n. 94.220 de 14.4.87.	Ubatuba	SP
M Boikua	Mbya	●			São Sebastião	SP
Rio Silveira PI Ribeirão Silveira Rio Silveira e Boraceia (Tekoa Moroti)	Mbya / Xiripa	▲	948,40	Homologada em 1987. Demarcada – Decreto n. 94.568 de 8.7.87.	São Sebastião / Santos	SP

continuação

Aldeia	Grupo Dominante	Ocupação Atual	Área (ha)	Situação Fundiária	Município	UF
Serrinha Juqueí (Juqueri)	Mbya	▲			São Sebastião	SP
Morro da Saudade / Barragem	Mbya	▲	26,30	Homologada em 1987 – Demarcada – Decreto n. 94.223 de 14.4.87.	São Paulo	SP
Krukutu	Mbya	▲	25,88	Homologada em 1987 – Demarcada – Decreto n. 94.222 de 14.4.87.	São Paulo	SP
M'Boi Mirim	Mbya	▲	17,69	Delimitada em 1984. Processo extinto pela Funai em 1989.	São Paulo	SP
Jaraguá	Mbya	▲	1,22	Homologada em 1987 – Demarcada – Decreto n. 94.221 de 14.4.87.	São Paulo	SP
Aguapeú	Mbya	▲	2.626	Delimitada pelo CTI em julho/1991.	Mongaguá	SP
Rio Branco (Yyti)	Mbya	▲	2.856,10	Homologada em 1987 – Demarcada – Decreto n. 94.224 de 14.4.87.	Itanhaém São Vicente São Paulo	SP
Bananal PI Peruíbe	Xiripa	▲	485	Demarcada por decreto estadual em 24.10.1927.	Peruíbe	SP
Piraquara	Xiripa	●				SP
Taniguá Beira Mar	Xiripa	●			Peruíbe	SP
Guaraú	Xiripa / Mbya	●			Peruíbe	SP
Itinga / Rio Itinga	Xiripa	●			Iguape	SP
Itariri Serra dos Itatins (Itaryry, Itaretã ou Itaretapy)	Xiripa / Mbya	▲	1.212,47	Homologada em 1987 – Demarcada – Decreto n. 94.225 de 14.4.87.	Itariri	SP

continuação

Aldeia	Grupo Dominante	Ocupação Atual	Área (ha)	Situação Fundiária	Município	UF
Rio Guanhanhã	Xiripa	●			Itariri	SP
Rio Comprido (Yy Puku)	Xiripa	●			Iguape	SP
Pedro de Toledo	Xiripa	●			Pedro de Toledo	SP
Yguapy (Oyguarã = água original)	Mbya	■			Iguape	SP
Jakupiranga	Mbya	●			Jacupiranga	SP
Itaporanga (Pedra Bonita)	Xiripa	●			Itaporanga/ Itapeva	SP
Biguá (Biguãrapy)	Mbya	●			Pariquera-Açu	SP
Kuriyty	Mbya	●			Curitiba	PR
Cutinga (Jakutinga)	Mbya	▲	1.785,04	Delimitada em 1990	Paranaguá	PR
Eiretã (Ilha do Mel)	Mbya	●			Paranaguá	PR
Peças	Mbya	▲			Guaraqueçaba – Ilha das Peças	PR
Pescada	Mbya	▲			Guaraqueçaba – Ilha das Peças	PR
Superagui (Piragui)	Mbya	▲			Guaraqueçaba – Ilha do Superagui	PR
Rio do Meio	Mbya	■		Faixa do DNER	Itajaí	SC
Barra Velha	Mbya	■			Joinvile	SC
Pinheiro (Expinheirinho)	Mbya	▲	cerca de 5		Itajaí	SC
Iperoba	Mbya	●			São Francisco do Sul	SC

continuação

Aldeia	Grupo Dominante	Ocupação Atual	Área (ha)	Situação Fundiária	Município	UF
Araquari (Ara Kuaray)	Mbya	■			Araquari	SC
Brusque	Mbya	▲	1,30	Levantamento feito pelo CTI da área desobstruída	Guabiruba	SC
Palhoça	Mbya	■			Palhoça	SC
Morro dos Cavalos	Xiripa	▲	16,40	Levantamento feito pelo CTI da área desobstruída	Palhoça	SC
Mbiguaçu	Xiripa	▲	36	Levantamento feito pelo CTI da área desobstruída	Biguaçu	SC
Cantagalo (Tekoa Uru Japukai)	Mbya	▲	47,50	Prefeitura desapropriou para fins sociais	Viamão	RS
Barra do Ouro Osório	Mbya	▲	1.316	Área estadual	Osório	RS
Pacheca	Mbya	▲	cerca de 5.000	Parque Estadual Camaquã – área de 7.992	Camaquã	RS

Legenda

▲ = aldeia

■ = ponto de passagem e parada

● = aldeia desabitada

# 7
Narrativa mítica escrita em guarani – Yy Ovu Ague: A água que inundou o mundo

YY OVU AGUE: A ÁGUA QUE INUNDOU O MUNDO
                                    Davi, 1990.

Ymã handeyvy onyin rire. Mavaeve dopytai aerirema handeru onbou ju, mocoin avá mocoin cunha. Aevymaje aipoei tapeo ei. Pema peo apyguy pendere te reve. Pejujurã penderetereve jura peu pity ei. Aeriremanje ay reve ikuai kuai vyma oypityra venta. Aerire manje co yvy pyayu yjypyju, mbyá reve makoiju inypy co mbya etei manje. Nonhemonhaira ei, handeru manje aipoei racae, aerire aema nhandeneta ete avá daevei. Aeriremanje bouy arapyayu bouy arayma. Ojupity javema manje yvyraija aipoei guay kuery pehanebaracteke ei, oicotaco handemondyianãei. Yy rive ou ta ei nhandeatyapake. Joapymemein ei, aerire manje ojapysaka yy ou avanmanje okymanje dopytuui trinta ara je oky. Arapy oky pytu oky. Trinta ara py yy ovu aerakomanje inaty ypy kekue manje ojeoi ma. Oguera a yy ovu aerakomanje. Racae apyca. Ohenboja avan manje oojaoi raii jave manje ohenboja. Aerire manje ojeoi pama. handei manje opyta. Petein manje ramo manje monkoin ipgv. Aekuery manje omenda manje isaisg avavaemanje aeramingua jajavyma. Aeriroma aeriremanje racae, handeru pema vei je yvyra. Petei inje pindo oecha. Aecatyje oyta ovy, doecha hande agramieteje janpire ikuai. Aepyje ojeupi. Aepymaje ojap. cai neike cheruete, oreboajy imhoke ei. Achy pyje ovaen. Monkoin ara rire pytum bytejavemanje. Monkoin ara reje ojapycai manje doupityi tavyje guv anba. Aeriremanje daevei joegua onhe moirum avan. Mbya etei manje conhandeboea manje, japorai conha derupe haponrrarou rã.

Aeriremanje trinta ara rire manje opytuu. Aevymaje yy ranhesu oguesy. Yy ipyru typajavema. Trinta ara ju oguera a agguima yvy itui nivesu. Trinta ara ju agguima mbyai rã obousu. Cunha monkoin avá monkoin. Joaguí eymeme mokoin cunha ou. Kuaray ambaguy. Mokoin ava ou kanai rentagui, apy yy avaire ma. Opyro uyma. Onhemoin covyma oguera a racae cento e vinte dia itui pona etei ava racae.

199

SOBRE O LIVRO

Formato: 16 x 23 cm
Mancha: 28 x 50 paicas
Tipologia: Iowan Old Style 10,5/15
Papel: Offset 75 g/m² (miolo)
Cartão Supremo 250 g/m² (capa)
1ª *edição:* 2007
1ª *reimpressão:* 2011

EQUIPE DE REALIZAÇÃO

Edição de Texto
Ruth Kluska (Copidesque)
Sandra Garcia Cortés (Preparação de Original)
Rinaldo Milesi (Revisão)
Kalima Editores (Atualização ortográfica)

Editoração Eletrônica
Estela Mleetchol (Diagramação)

Fotografia da capa: Aldeia Boa Vista – SP
Maria Inês Ladeira, 1985